HEYNE <

Marie Cochard sieht die Kunst, ökologisch zu leben, als Chance, ihre Intuition und ihr kreatives Potential auszuleben. In ihren Büchern teilt sie ihr Wissen aus zehn Jahren Journalismus für ökologische Themen und ihre Leidenschaft für eine nachhaltige und gesunde Lebensführung.

MARIE COCHARD

Lust auf Frische!

Lecker, knackig, nachhaltig – Tipps für die smarte Küche (fast) ohne Kühlung

Übersetzt aus dem Französischen
von Bettina Seifried

WILHELM HEYNE VERLAG
MÜNCHEN

Brumm zum Abschied leise Servus!

Als ich der Familie und den Freunden erzählte, dass ich den Kühlschrank abschalten und ein Buch darüber schreiben wollte, war die Reaktion nahezu einhellig: Nach einem kurzen Moment der Verblüffung schauten mich alle mit entsetztem Blick an und fragten: »Dann wollt ihr also in Zukunft verschimmelte Lebensmittel und gammeliges Gemüse essen?«

Okay, ich übertreibe … aber nur ein bisschen. Alle wähnten mich auf direktem Weg zurück in die Steinzeit und orakelten, die ganze Familie würde demnächst an Fleischvergiftung, Listerien, Salmonellen und noch viel Schlimmerem erkranken.

Meine Eltern versuchten mich zur Vernunft zu bringen, indem sie die zarte Saite des Mutterinstinkts aufzogen: »Was ist mit den Kindern? Du wirst ihnen das doch nicht antun! Sie werden doch einem fiesen Cocktail aus Bazillen und krank machenden Keimen ausgesetzt, wenn alles ungekühlt rumsteht!« Und eben jene Gören wollten sofort wissen, ob es ohne Kühlschrank womöglich weniger zu essen gebe …

Was meinen Liebsten betrifft – was soll ich Ihnen sagen? Seine größte Sorge galt seinen geliebten Schweinsrippchen und dem gekühlten Bier. Es folgten schwierige Verhandlungen …

Wer wollte es ihnen verdenken? 99,6 Prozent aller Europäer besitzen einen Kühlschrank. Und selbst wenn sich viele vorstellen könnten, den Fernseher abzuschaffen oder aufs Mobiltelefon und meinethalben auch Zucker zeitweilig zu verzichten, mutet die Idee, ohne Kühlschrank zu leben, den meisten Menschen absolut außerirdisch an. Es scheint das Maß dessen, was den Gemeinsterblichen in der abendländischen Welt zumutbar ist, zu übersteigen.

Die Ökos unter meinen Bekannten nahmen – neuen Wegen stets aufgeschlossen – die Ankündigung hingegen mit großem Interesse auf und verfolgten meine Erfahrungen gespannt und bisweilen amüsiert.

Mein letztes Buch drehte sich um die Wiederverwertbarkeit von Abfallschalen in der Küche, und nun wollte ich herausfinden, wie sich Lebensmittel auch ohne das allgegenwärtige Kühlgerät lagern und konservieren ließen, und zwar ohne (im harmlosesten Fall schlicht unappetitliche) Keime heranzuzüchten und ohne mir wie ein Eremit im Wald oder in grauer Vorzeit vorzukommen.

Neben der journalistischen Recherche wollte ich die neu gewonnenen Erkenntnisse auch gleich in die Tat umsetzen, wohl wissend, dass dies in der Praxis oft ein ganz anderes Paar Schuhe war und sicher nicht wenige Stolpersteine bereithielt (und weit entfernt vom TV-Serienalltag von *Unsere kleine Farm* war).

Um all das in einem Buch unterzukriegen, wollte ich selbst Hand anlegen, meine Vorratskammer durchleuchten, mich den Herausforderungen in der Praxis stellen, auf altbewährtes Wissen und Tricks zurückgreifen und gleichzeitig keine Lebensmittel verschwenden und nebenbei noch die private Energiebilanz verbessern.

Wenn Sie, wie ich, ohnehin bereits großen Wert auf »gesunde Ernährung« legen, Supermärkte und Discounter weitgehend meiden und stattdessen kurze Wege und regionale Erzeuger bevorzugen, wenn Sie ohnehin mehr auf Frische statt auf industrielle Fertigprodukte mit Zusatzstoffen (die angeblich die Haltbarkeit erhöhen – fragt sich nur wie!) setzen und Sie Ihren Fleischkonsum (dem Tierwohl, dem Umweltschutz, der Klimaerwärmung und der eigenen Gesundheit zuliebe) und den Verzehr von Fisch (wegen Überfischung der Meere und Vergiftungsgefahr) bereits eingeschränkt oder ganz eingestellt haben, wenn Sie Milchprodukte (wegen Laktoseintoleranz, Milcheiweißallergie, zu viel ungesättigten Fettsäuren …) und Gluten (das in allen Fertigprodukten und vor allem in Backwaren steckt) meiden, dann haben Sie sicher auch schon bemerkt, dass der Inhalt Ihres Kühlschranks weniger wurde.

Außerdem brauchen viele Lebensmittel gar keine Kühlung – oder vertragen sie schlecht: Obst und Gemüse, Hartkäse, Honig, Eier, Kaffee, Knoblauch, Zwiebeln, Sirup, Mineralwasser in Flaschen, Marmelade im Glas, Sardinen in der Büchse … All das können Sie getrost aus dem Kühlschrank räumen, und Sie werden staunen, wie wenig übrig bleibt: vielleicht ein paar Reste vom selbst gemachten Kuchen oder vom Gemüseauflauf, die Sie ohne Weiteres einfrieren und ein andermal, wenn Sie rasch etwas essen oder einen Snack ins Büro mitnehmen wollen, in null Komma nichts wieder auftauen können (im Gefrierschrank hält sich das meiste zwischen 3 und 6 Monate lang, im Kühlschrank hingegen nur einige Tage). Einfrieren ist und bleibt die beste Lösung, um Angebrochenes und Übriggebliebenes aufzubewahren und um zu verhindern, dass tagelang dasselbe auf den Tisch kommt!

Natürlich geht es nicht darum (wie die Apostel der Kühlkette und andere Schwarzmaler unterstellen), dass man »bald gar nichts mehr essen darf«. Es geht darum, frischem Obst und Gemüse den Vorzug vor Fertigprodukten zu geben und mehr Hülsenfrüchte, Milch pflanzlicher Herkunft, alte Getreidesorten, Körner und Sprossen, frische Kräuter, Gewürze, Honig und nicht raffinierten Rohzucker zu essen – all das tut unserer Gesundheit und der des Planeten nur gut!

Im Zentrum stehen also Gesundheit (raumtemperierte Lebensmittel entlasten den Organismus, denn der muss viel Aufwand betreiben, um Speisen aus dem Kühlschrank vor dem Verdauen auf Körpertemperatur zu bringen), Einspareffekte, Abfallvermeidung, Einfachheit, Freude am Selbermachen und vor allem der kulinarische Genuss! Ich hätte dieses Buch aber nie geschrieben, wenn mein Speiseplan vorwiegend aus Fertiggerichten bestünde, denn, darauf sei an dieser Stelle unbedingt hingewiesen: Fertigprodukte müssen unter allen Umständen im Kühlschrank gelagert werden!

Was Sie nun in der Hand halten, versteht sich also eher als Einladung denn als Anleitung. Ich möchte Sie mitnehmen auf eine kleine Pilgerreise zu alten und neuen Verfahren des Selbermachens und Konservierens von Lebensmitteln, die weder viel Technik noch Strom benötigen. Und en passant will ich einfache Tipps vermitteln, die helfen, Abfälle und Lebensmittelverschwendung zu vermeiden.

Und da ich Ihnen nun munter von meinen Erfahrungen berichten werde, habe ich das Abenteuer ohne Kühlschrank wohl ziemlich gut überstanden!

Marie Cochard

Inhalt

Geleitworte

Ich habe mich sofort auf Dein »Abenteuer ohne Kühlschrank« gestürzt, Marie! Und das bei 36 Grad im Schatten …

Und nachdem ich das Buch nun gelesen habe, muss ich sagen, dass mein »urbaner« Kühlschrank, den manche auch als »Kühlschrank für Arme« belächeln, dem von Dir skizzierten Ideal, abgesehen von ein paar Bechern Joghurt und den gekühlten Getränken, schon recht nahekommt. Ich muss nur das Gerät noch gegen ein kleineres eintauschen, um der unersättlichen Gier nach Strom ein Ende zu bereiten.

Richtige Lagerung und Konservierung beginnt schon beim Einkauf – wie wahr! Mehr saisonale Produkte und kurze Wege – genau! Denn Gemüse, das keine langen Lieferwege im Kühltransporter hinter sich hat, lässt sich gut bei Zimmertemperatur lagern; es muss nur lichtgeschützt sein. Auch den Appell für den kleinen Einkauf kann ich nur unterstützen! Unsere Schränke müssen nicht vollgestopft sein wie die Regale im Supermarkt, vor denen wir uns ratlos fragen, was heute auf den Tisch kommen soll – und hinterher die Hälfte wegwerfen! Gezielt einkaufen, was für die nächste Mahlzeit nötig ist, mag zunächst als Einschränkung der Wahlfreiheit erscheinen. Doch bald merkt man, dass es den Alltag eigentlich erleichtert. Kochen wird einfacher, geht schneller und macht viel mehr Spaß. Denn je größer die Auswahl, desto komplizierter wird es!

Seit meinen ersten Reiseabenteuern im eigenen Campingbus habe ich das Motto »Weniger ist mehr« auch für die Küche übernommen: weniger Lebensmittel, weniger Kühlung – seinerzeit wegen eines notorisch unzuverlässigen Camping-Kühlschranks, der uns, weil er ständig ausfiel, zwang, alles entweder ganz schnell aufzuessen oder ganz schnell wegzuwerfen. Seitdem steht bei mir außer frischem Saft, der, wenn's schiefgeht, eben zu Früchte- oder Kräutertee verarbeitet wird, ein paar Bechern Joghurt und gelegentlich ein bisschen Wurst nichts mehr im Kühlschrank. Das meiste bewahre ich ungekühlt, aber eingewickelt in Pergamentpapier oder braunen Papiertüten, in Tüchern oder in einem Weidenkorb auf. Lebensmittel verändern sich mit fortschreitendem Reifezustand, das ist völlig normal und auch sehr beruhigend, denn künstliche Konservierungsstoffe tun uns nicht gut. Man muss dann eben die Verwendungsweise neu definieren. Aus hartem Brot werden Semmelbrösel, die, über ein Nudelgericht gestreut, köstlich sind. Eine Ziegenrolle schmeckt eingetrocknet genauso gut wie in frischem Zustand, ein hartes Stück Emmentaler lässt sich noch reiben, der welke Salat wird blanchiert und schrumpeliges Gemüse zu Ratatouille verarbeitet …

Marie, wir beide sind Philosophinnen des Alltags mit einem Blick für die kleinen Dinge, die das Leben schön und lebenswert machen, und wir suchen sie auch dort, wo man es nicht unbedingt erwartet oder gleich bemerkt. Dein Abenteuer ohne Kühlschrank ist ein neues, ungewöhnliches Feld, das Du bespielst.«

Martine Camilleri ist Bildhauerin und Autorin, ihre großen Themen sind Umwelt, biologisch abbaubare Materialien und Müllvermeidung.

Als mir Marie von ihrem Plan, ohne Kühlschrank zu leben, erzählte, musste ich zuerst lachen.

Doch dann schlich sich mir ein Bild in Erinnerung: das kleine Haus meiner Großeltern in Lothringen, wo ich als Kind die großen Ferien verbrachte. Ich war klein, und der Sommer schien endlos. Wir pflückten Heidelbeeren und kleine Erdbeeren im Wald, sammelten Wildkräuter, Nüsse und Pilze. Im Weiler gab es keinen Laden, nur ab und zu kamen Bäcker oder Metzger mit einem Verkaufswagen vorbei, oder es hielt ein Eisverkäufer an der einzigen Straße des Orts. Für alles andere mussten wir zu den umliegenden Höfen laufen, manchmal ging's auf den Markt in der nächstgelegenen Stadt. Es wurde viel selbst gemacht und wenig zugekauft. Mein Großvater war ein leidenschaftlicher Gärtner und sein Gemüse legendär. In die Speisekammer kam alles, was lagerfähig war: Eier, Käse, Pökelfleisch, Kartoffeln, Kürbisse, getrocknete Wildkräuter, Kuchen in Blechdosen und Sauermilch in Krügen. Ob es einen Kühlschrank gab, weiß ich nicht mehr, aber ich erinnere mich, dass ich mich in dieser Kammer voller Köstlichkeiten immer sehr wohlgefühlt habe. Und plötzlich dachte ich auch an den kleinen Verschlag in meiner Küche in Paris, direkt unter dem Fenster. Den wollte ich mir immer einmal als Vorratsraum herrichten, doch seit ein paar Jahren nisten dort Tauben. Wir hören sie jedes Frühjahr hinter der Sperrholzwand gurren. Ich habe beschlossen, sie in Ruhe brüten zu lassen und weiter mit meinem alten Kühlschrank vorliebzunehmen.

Aber ich bewundere Marie und beneide sie für den Mut, sich in dieses Abenteuer zu stürzen! Ihre Experimente im Alltag stellen ja nicht nur eine Herausforderung dar, sie bescheren ihr auch viele kleine Glücksmomente. Und Marie setzt ein Zeichen, indem sie sich von einem Gerät trennt, das – so raumgreifend und stromfressend es auch ist – fest in unserem Leben verankert ist, uns ständig zu mehr Konsum veranlasst und uns verleitet, viel mehr zu kaufen, als wir wirklich brauchen. Marie beschreitet neue Wege und sucht nach einfacheren, sparsameren Alternativen. Das schließt die Bereitschaft ein, seinen Lebensstil zu verändern, und bedeutet, mehr im Einklang mit der Natur zu stehen, alte Methoden der Vorratshaltung, aber auch modernes Wissen aufzugreifen. Es bedeutet nicht zuletzt, das Kochen neu zu erfinden und sich auf den Moment einzulassen. Marie gehört zu den Menschen, die aus fast nichts etwas Wunderbares zaubern. Altes wiederverwerten, Neues kreieren, andere Zwecke ersinnen – das alles sind kreative, spielerische Prozesse, die viel spannender sind als das bloße Konsumieren und Anhäufen von Dingen. Nicht im Kaufen, sondern darin, wie »aus weniger das Beste« herauszuholen ist, liegt für Marie der Reiz.

In dieser jungen Frau muss eine sehr alte Seele stecken, sonst wäre sie nicht so weise. In jedem Fall lässt sie sich vom Wissen unserer Altvorderen beflügeln. Ohne Kühlschrank leben – eine abwegige Vorstellung? Nicht für Marie, für sie ist es ein weiterer Schritt zu mehr Leichtigkeit, Lebensfreude und Genuss.

Camille Labro ist Journalistin, Buchautorin und Dokumentarfilmerin im Bereich Gastronomie. Sie schreibt regelmäßig für *Le Monde* und wurde auf der internationalen Kochbuchmesse in Périgueux mit dem renommierten Preis *Les Savoureuses* geehrt.

Viel Tamtam um den Kühlschrank

Es ist noch gar nicht so lang her, dass jeder Haushalt über einen Kühlschrank verfügt, und trotzdem hat das von Carl von Linde 1876 erfundene Gerät unsere Konsumgewohnheiten innerhalb weniger Generationen radikal verändert. Einem Totem gleich thront der »Bauch« der Familie heutzutage in jeder Küche, beklebt mit Fotos, Kinderzeichnungen, wichtigen Telefonnummern und Stundenplänen … Schon das zeigt, dass es kein leichtes Unterfangen wird, sich vom Kühlschrank zu trennen.

»Mehr Druck, Madame … mit etwas Druck geht's schon. Natürlich schaffen Sie das! Voilà … Und auch für Sie, Monsieur, ist der Moment gekommen, um sich abzunabeln!«

Mein schöner Kühlschrank!

Eisspender und Crushed Ice, frisch gefiltertes Wasser auf Knopfdruck, inklusive Smart-Option, die anzeigt, wann die Haltbarkeit eines Produkts überschritten ist – im Wettbewerb um unsere Gunst lassen sich Kühlschrank-Hersteller allerhand einfallen, um uns an unser liebstes Haushaltsgerät zu binden. Mehr oder weniger leistungsstark und imposant steht es für Aufstieg und Erfolg.

Manche erheben den Kühlschrank gar zum Kunstwerk, davon zeugen die Designermodelle von Smeg und Dolce & Gabbana, die, mit mittelalterlichen Szenen und sizilianischen Motiven des klassischen Altertums in Handarbeit ornamentiert, zum bescheidenen (absurden!) Preis von 37 000 Euro feilgeboten werden. Ein solches Gerät wird wohl kaum noch mit Fotos und Zetteln beklebt.

Mit etwas Fantasie können wir unserem Kühlschrank natürlich auch selbst Charakter und Persönlichkeit verleihen. Rasch ein Foto mit einer Kiste frischem Obst oder Gemüse angebracht, fertig ist die schöne Illusion, alles käme frisch vom Wochenmarkt!

Wussten Sie, dass die amerikanischen Modelle doppelt so viel Strom verbrauchen wie die herkömmlichen? Und dass die umweltschonendsten Kühlschränke für die sogenannten Entwicklungsländer hergestellt werden?

Preise im Vergleich:

- **Ein normaler Kühlschrank kostet zwischen 300 € und 400 € und verbraucht durchschnittlich 250 kW im Jahr.**
- **Ein amerikanisches Modell kostet zwischen 500 € und 1000 € und verbraucht durchschnittlich 530 kW im Jahr**
- **Ein »Wüstenkühlschrank« kostet keine 50 € und verbraucht null Energie.**

Ziemlich irre

Heutzutage ist es der Kühlschrank, der die Lagerung von Lebensmitteln regelt, meist unter dem Deckmantel der Hygiene. Das ist nicht verwunderlich, denn wenn es um Leib und Magen geht, verlassen wir uns blind auf ihn. Die Fertigprodukte, die sich in ihm stapeln, sparen Zeit, heißt es, und Zeit ist bekanntlich … na, Sie wissen schon!

Aber was ist trostloser, als im Supermarkt Dosen und Packungen wie im Flug abzugreifen, den gesamten Inhalt des Einkaufswagens (weil der leider nicht fliegen kann) aufs Kassenband zu stapeln, dann alles wieder zurück in den Einkaufswagen zu packen, um das Ganze schließlich im mehr oder weniger geräumigen Kofferraum eines Autos zu verstauen und hinterher, dem Blick entzogen, in einem riesigen Kühlschrank zu bunkern?

Produktionsweisen und Konsumgewohnheiten haben sich zwar in den letzten Jahrzehnten deutlich gewandelt und werden zunehmend hinterfragt (Stichworte: ökologische Landwirtschaft, Nachhaltigkeit und Permakultur, Regionalität, Eigenanbau usw.). Doch wie verhält es sich mit unseren Gewohnheiten, wenn es ums Aufbewahren und Konservieren von Lebensmitteln geht?

Wenn man's genau nimmt, halten wir permanent einen Riesenkasten am Laufen, nur um ein paar Kubikzentimeter Raum zu kühlen – und zwar mitten in unserer Wohnung, die wir im Winter beheizen, weil die Temperaturen draußen denen im Inneren des besagten Kastens ziemlich nahekommen … mal ganz abgesehen von der Frage, ob es sinnvoll ist, alle Lebensmittel gleich zu behandeln, obwohl sie völlig verschieden sind!

Stillschweigend haben wir uns dem Diktat der sich ständig beschleunigenden Konsumspirale gebeugt, einem bedenklichen Kreislauf von »Beschaffen – Wegwerfen – Wiederbeschaffen« unterworfen und uns zu Sklaven des MHD gemacht – des berüchtigten Mindesthaltbarkeitsdatums, das im Übrigen von der Lebensmittelindustrie erfunden wurde. Doch langsam beginnen wir, die negativen Konsequenzen für Umwelt und Gesundheit zu spüren. Die Folgen? Der Kühlschrank macht uns faul und passiv. Die im Winterschlaf liegenden Produkte aus seinem Innern werden später einfach hinuntergeschlungen und nicht genossen. Der Geschmackssinn verkümmert, Aromen verläppern, alles wird zum Einheitsbrei. Und das Wesentliche bleibt auf der Strecke: der Genuss am Essen und die Freude am Selbermachen.

Vielleicht werden wir ja ohne Kühlschrank wieder zu »Machern« (um ein Modewort des Neoliberalismus zu bemühen)? Und vielleicht verschafft uns das Selbermachen nicht nur ein Gefühl der Zufriedenheit, sondern auch mehr Spielraum, um über unsere Ernährung und unser Wohlergehen wieder selbst zu bestimmen?

Und was ist mit der berühmten Zeit, der wir ständig hinterherlaufen? Gewinnen wir nicht viel dadurch, dass wir wieder mehr Zeit verlieren? Zum Beispiel darauf, »besser« einzukaufen – regional, ökologisch, frisch, saisonal –, mit den Erzeugern unserer Lebensmittel Kontakt aufzunehmen oder selbst wieder Erzeuger zu werden, öfter zu kochen und uns mehr Zeit zu nehmen, das Selbstgemachte in gemeinsamer Tafelrunde zu genießen? Das muss jeder für sich entscheiden …

Übrigens: Wussten Sie, dass am 14. Oktober 2016 ganze 197 Staaten übereinkamen, Zug um Zug auf die Verwendung von Fluorkohlenwasserstoffen zu verzichten, die als Gas in unseren Kühlschränken und Klimaanlagen vorkommen und nicht unerheblich (genau genommen 14 000-mal mehr als CO_2) zum globalen Treibhauseffekt beitragen? Laut einer Studie des französischen Instituts für nachhaltige Politik und Entwicklung (IGSD) könnte die Klimaerwärmung so um 0,5°C bis zum Jahr 2100 reduziert werden, das ist ein Viertel des im Pariser Klimaabkommen vereinbarten Ziels. Die meisten europäischen Staaten ziehen mit. Auch Schwellenländer wie China, in denen das Umweltbewusstsein steigt, wollen die Produktion solcher Kühlschränke bis 2024 einfrieren. Nur bei Donald Trump herrscht Funkstille zu diesem Thema!

Minikühlschrank

Es gibt bereits Initiativen, die hinterfragen, ob tatsächlich jeder Einzelhaushalt über einen Kühlschrank verfügen muss, und zur Installation von Gemeinschaftskühlschränken, Etikettierung, großen Papiersäcken zur Lagerung von Gemüse und zum Aushängen von Tipps und Konservierungshinweisen raten. In Mehrfamilienhäusern, Büros, Vereinen, Schulen, Lebensmittelläden könnte dies also in Zukunft Wirklichkeit werden … und es würden echte Orte der Begegnung und des Austauschs entstehen! Auch Foodsharing-Initiativen (z.B. www.lebensmittelretten.de; www.foodsharing.de) empfehlen, leicht verderbliche Waren privat über Apps und Online-Plattformen zu teilen oder »Kühlschrank-Partys« zu veranstalten – alles wunderbare Möglichkeiten, die Verschwendung von Lebensmitteln und den eigenen Stromverbrauch zu reduzieren.

Wussten Sie …?

… dass die ersten Eisschränke auf dem Land stets Gemeinschaftsgüter waren? Im elsässischen Herbitzheim stellte die landwirtschaftliche Genossenschaft in den 1960er-Jahren eine gemeinschaftlich nutzbare Tiefkühlanlage in einem Nebengebäude auf. Die wie Schließfächer angeordneten Tiefkühlbereiche wurden einzeln an Mitglieder vermietet. Das Fassungsvermögen war zwar begrenzt, aber immerhin konnte man seinen Schweinebraten, ein Kaninchen oder Gemüse darin einfrieren.

Vielleicht haben Sie auch schon von den öffentlichen Fairteiler-Kühlschränken in Darmstadt, Osnabrück oder Berlin gehört? Oder von der sagenhaften Initiative der Inderin Minu Pauline aus Kochi, ihres Zeichens Chefin des Restaurants *Pappadavada,* die einen großen Kühlschrank vor ihr Lokal stellte, in den die nicht verbrauchten Tagesreste kommen und der im Volksmund als »Baum der Barmherzigkeit« bezeichnet wird. Die dort eingestellten Lebensmittel sind Tag und Nacht für jeden zugänglich.

Und wussten Sie, dass es solarbetriebene Kühl-Gefrierkombinationen gibt, die zum Kühlen Wärme benötigen? Diese Ufos unterscheiden sich von ihren Artgenossen darin, dass sie weniger Abwärme produzieren, geräuschärmer sind, die Haltbarkeit der Lebensmittel im Vergleich zu den energiesparendsten Modellen dreimal so lang ist und die Geräte mehr als doppelt so lang funktionieren wie konventionelle Kühlschränke. Der Haken? Ihr Preis. Für ein Gerät mit 200 Litern Fassungsvermögen müssen Sie 1400 Euro berappen, für eines mit 280 Litern fast 2000 Euro. Aber die Idee ist bestechend, wenn man bedenkt, dass wir vor allem während der heißen Jahreszeit ein kühles Örtchen brauchen …

Übrigens: Der französische Weck- und Schraubglas-Hersteller Le Parfait hat eine Internet-Tauschbörse und Verleihplattform für Geräte zum Konservieren und Sterilisieren von Lebensmitteln entwickelt, auf der auch Konfitüren, eingemachtes Obst und Gemüse oder Pasteten aus eigener Herstellung getauscht werden können.

Umwelt-Avantgardisten lassen sich ohnehin vom gesunden Menschenverstand leiten, schalten ihr Kühlgerät während der kalten Jahreszeit ab und nehmen es erst wieder in Betrieb, wenn es draußen warm wird. Während der Wintersaison erfindet man eben eine neue Verwendung für das Gerät! Als Schuhschrank? Lieber nicht, das verbietet sich aus Gründen der Hygiene. Als Safe? Klar, wenn man ein Vorhängeschloss dranhängt. Als Weinkeller? Warum nicht …

»Schon wieder so eine bekloppte Idee von alternativ angehauchten Wohlstandsbürgern«, mag manch einer denken. Angesichts der wachsenden Zahl von Leuten, die sich mit dem Thema befassen, bin ich da aber im Zweifel.

Dennoch liegt es mir fern, die Zögerlichen und Zauderer überreden zu wollen, ihren Kühlschrank abzuschalten oder gar abzuschaffen. Vielleicht regt sie mein Buch aber zum Nachdenken an, ob das XXL-Modell nicht gegen ein kleineres, energiesparenderes einzutauschen wäre.

Sollte es so weit sein, denken Sie daran, dass die Geräte mit umweltschädlichen Kühlgasen wie Freon oder Fluorkohlenwasserstoff betrieben werden. Wird der Kühlschrank beschädigt, können diese Gase austreten. Gehen Sie deshalb äußerst vorsichtig vor, und lassen Sie die Demontage möglichst von Fachpersonal ausführen.

Einige Empfehlungen für alle, die sich ein kleineres Kühlgerät anschaffen wollen:

- *Wählen Sie ein Gerät, das zu Ihnen passt und der Größe des Haushalts und Ihren individuellen Bedürfnissen entspricht (je höher das Fassungsvermögen des Geräts, desto mehr Strom verbraucht es).*
- *Installieren Sie den Kühlschrank nicht als Einbaugerät, und sorgen Sie für ausreichend Abstand zur Wand, damit die Luft zirkulieren kann und der Kompressor weniger arbeiten muss.*
- *Stellen Sie das Gerät nicht in der Nähe von Wärmequellen (Fenster, Herd, Heizkörper, Ofen ...), sondern am besten in einem kühlen Raum (Abstellraum, Keller o.Ä.) auf.*
- *Überfrachten Sie Ihren »Kühlkasten« nicht.*
- *Befolgen Sie die Lagerungsempfehlungen für verschiedene Lebensmittel (Gemüse, Fleisch, Fisch unten, Milchprodukte in der Mitte, Reste vom Vortag oben).*
- *Auch kleine Kühlschränke müssen regelmäßig gereinigt und sauber gehalten werden. Desinfizieren Sie das Schwammtuch vorher gründlich mit Essigessenz (sonst verteilen Sie auf dem Schwamm befindliche Keime auf den Oberflächen). Vergessen Sie die Scharniere und Dichtungsgummis nicht, entfernen Sie angesammeltes Eis oder Kondenswasser, und tauen Sie das Tiefkühlfach mindestens zweimal im Jahr ab.*
- *Lassen Sie die Tür nie unnötig offen stehen (auch nicht beim Befüllen, Naschen und Reinigen), da sonst der Stromverbrauch in die Höhe schießt.*
- *Schalten Sie das Gerät ruhig ab, wenn Sie verreisen; lassen Sie die Tür nach der vollständigen Entleerung offen stehen, legen Sie aber ein Wischtuch auf dem Boden aus, für alle Fälle.*
- *Ein letzter Tipp: Stellen Sie Speisen nie warm in den Kühlschrank. Durch die Wärme entsteht Kondenswasser, das den anderen Lebensmitteln schadet. Umgekehrt sollte die Phase der Abkühlung von Speisen im Kühlschrank so kurz wie möglich sein, das erreichen Sie z.B. dadurch, dass das Kühlgut in mehreren Portionen auf verschiedene Behälter verteilt wird oder dass alles gut verpackt zuerst in einer Schüssel mit Eiswasser vorgekühlt wird, bevor es in den Kühlschrank wandert.*

Meine zehn Gebote

zum (Über-)Leben ohne Kühlschrank

1 Du sollst frischen, unverarbeiteten Produkten, ökologischem Anbau und kurzen Wegen den Vorzug geben. Du sollst die Qual der Wahl haben zwischen deinem Wochenmarkt, solidarischer Landwirtschaft, lokalen Netzwerken aus Verbrauchern und Erzeugern wie Food-Assemblies und »Marktschwärmer« (marktschwaermer.de; thefoodassembly.com), Hofläden, Obst- und Gemüsekisten direkt vom Erzeuger sowie dem Selbstpflücken. Du sollst Einkaufstrolleys und Plastikbeutel schmähen (denn es dauert 450 Jahre, um die Teufelstüten abzubauen, die den Lebensmitteln die Luft zum Atmen nehmen und sie noch schneller ins Verderben führen) und stattdessen Weidenkörbe, Baumwolltragetaschen oder wiederverwendbare Papiertüten begehren.

2 Du sollst in deinen Korb oder Beutel nur erntefrisches, regionales und saisonales Obst und Gemüse füllen – und sei's noch so krumm und krümelig.

3 Du sollst Fleisch, Fisch und Milchprodukte und auch Gluten nur in Maßen verzehren (das kommt unserer Gesundheit und dem gesamten Planeten zugute). Du sollst stets auf Qualität achten (bedenke, dass grasende Tiere auf einer Weide mehr Aminosäuren produzieren als ihre in dunklen Ställen erbärmlich dahinvegetierenden, mit Soja gemästeten Artgenossen). Du sollst Wurst, getrockneten Schinken, auch Sardinen und Makrelen in der Büchse (die, wie alle kleinen Fischarten, weniger mit Quecksilber verseucht sind als ihre großen Vettern Lachs und Thunfisch) stets direkt vom Erzeuger, vom Hofladen oder vom Fischhändler, der seine Ware selbst verarbeitet, beziehen.

4 Du sollst deinen Sinnen vertrauen und wieder einen unmittelbaren Bezug zur Nahrung herstellen. Und du wirst sehen: Kopfsalat und Chicorée wachsen weiter, wenn sie mit Wasser in Berührung kommen; Äpfel können schrumpeln, und Kartoffeln keimen aus! Und siehe: Durch Gärungsprozesse verändert sich die Farbe je nach Dauer der Lagerung. Aber was gibt es Schöneres, als dem Leben in seiner natürlichen Entfaltung zuzusehen? Wer Ja sagt zu Wachs und Schutzbesprühung auf unseren Früchten, sagt Ja zu Lug und Trug.

5 Du sollst jede Form der Verschwendung von Lebensmitteln vermeiden. Wo ein Kühlschrank steht, da herrscht Überfülle, bis die Tür nicht mehr schließt, aus Furcht vor Knappheit. Doch wer seinen Vorrat in einem Schrank versteckt, riskiert unweigerlich, dass am Ende vieles unverbraucht weggeworfen wird. Nur »auf Verdacht gekauft«, entsorgen wir das meiste voreilig wieder. Deshalb lieber ein halb gefülltes Vorratsregal an der Küchenwand als einen halb leeren Kühlschrank!

6 Du sollst den großen Mengen, die du deinen hungrigen Mäulern auftust, abschwören. Weniger ist mehr für die kleinen Mägen.

7 Du sollst überreifes Obst und Gemüse ehren und weiterverarbeiten. Es geht nichts über eine leckere Konfitüre, Sirup, Kompott oder selbst gemachte Tomatensoßen, um den Veränderungen des Zeitenlaufs ohne Einsatz von chemischen Keulen zu begegnen. Außer das schöne Gefühl, etwas Gutes getan zu haben.

8 Du sollst deinen Nächsten großzügig geben – vor dem Aufbruch in den Urlaub, nach einem leckeren Eintopf oder einem Familienfestmahl. Es gibt immer einen guten Vorwand, um Lebensmittel mit den Eltern, den Freunden, den Nachbarn zu teilen.

9 Du sollst das leise Blubbern von Eintöpfen und das Knistern von Holzkohle dem fiesen Brummen des Kühlschranks vorziehen, so ersparst du dir auch die allwöchentliche Mühsal der Reinigung der Einlegeböden.

10 Du sollst die Früchte der menschlichen Arbeit und von Mutter Natur ehren. Ein mit Liebe gemachtes Gericht schmeichelt dem Gaumen, wie jeder gute Koch weiß. Deiner schöpferischen Fantasie und Freude am Kochen sollst du frönen. Nichts ist erfüllender, als sich neuen Herausforderungen zu stellen und sein Wissen stets zu erweitern.

Gute alte Speisekammer

»Wie haben das unsere Vorfahren eigentlich geschafft, bevor dieses Riesentrumm Einzug in unseren Haushalt hielt?« Auch ich habe mir diese fromme Frage gestellt – und siehe, ich fand die Antwort.

Früher hielt man einen bestimmten, oft nach Norden ausgerichteten Raum im Haus, an dem es dunkel, kühl und ein bisschen zugig war, für die Lagerung von Lebensmitteln frei. Man nannte es Speisekammer, Vorratskammer, Kartoffelkeller, Souterrain oder Kabäuschen.

»Unsere Großeltern lagerten dort Obst und Gemüse für den Winter bei annähernd gleichbleibenden Temperaturen. Dicke Mauern und ein desinfizierend wirkender Kalkanstrich schützten die Lebensmittel vor Frost und Keimen. In der Küche dienten Holzbalken unter der Decke als Ablage oder Gitter unter Oberlichtern, während auf dem Holzregal an der kältesten Wand Brot, Nüsse, Kastanien und Obst aufbewahrt wurden. Der Kamin oder die Feuerstelle bildeten das Zentrum des Hauses und lieferten Asche zum Konservieren. Von der Decke baumelten getrocknete Schweinsblasen voller Bohnen oder Tabak, überall hingen Säckchen voller Korn, Äpfel, Zwiebelzöpfe herum …«, erzählt die Bäuerin Marie-Josèphe aus der Haute-Bretagne.

Soweit ich mich erinnern kann, haben auch meine Großeltern Vorräte im Kartoffelkeller, in der Speisekammer und auf dem Speicher gelagert. Im Kartoffelkeller war Platz für Wein, Cidre und Calvados, außerdem überwinterten dort Gelbe Rüben, Chicorée und anderes frisch nach dem Ernten eingelagertes Gemüse friedlich Seite an Seite. Ich erinnere mich noch an den leicht pilzigen Geruch, der mir in die Nase stieg, wenn ich die ausgetretenen Treppenstufen hinunterging. Einmachgläser voller Kirschen, Pfirsiche, Mirabellen, Erdbeeren und anderer Früchte reiften dort gemächlich vor sich hin. Essig, eingemachte Bohnen, Butterfass, Käse und Milchkrüge wurden in der Speisekammer aufbewahrt, und Lindenblüten, Thymian, andere Kräuter, Walnüsse und Haselnüsse lagen, auf Zeitungspapier ausgebreitet, zum Trocknen auf dem Speicher.

Vielleicht kennen auch Sie noch die eine oder andere traditionelle Methode der naturnahen Lagerung aus Ihrer Kindheit. Und möglicherweise findet sich auch bei Ihnen zu Hause ein Plätzchen, wo Sie Obst und Gemüse lagern können. Vielleicht ein kühler Kellerraum oder der Speicher wie anno dazumal, in denen Fäulnisprozesse langsamer verlaufen. Sie finden bestimmt eins! Zum Beispiel könnte sich eine dunkle Ecke in der Wohnung, der Nordbalkon oder ein anderer Raum im Haus, an dem es kühl und feucht ist, als idealer Lagerplatz für Ihren Einkauf (der kurzen Wege) oder, noch besser, für Ihre Eigenkreationen entpuppen. Vielleicht steht ein Schrank oder ein Regal in der Wohnung direkt an einer Außenwand. Auch die könnten zur Lagerung von Vorräten dienen. Oder der Abgang zum Keller, die Nische neben der Eingangstür, ein bislang ungenutzter Bereich über der Garage, ein nicht beheizter Speicher, die Gartenlaube …

Selbst wenn diese Orte Ihren Kühlschrank nicht vollständig ersetzen sollen (ich bin, wie gesagt, nicht missionarisch unterwegs), könnten Sie manche Lebensmittel von nun an dort lagern.

Methoden zur Haltbarmachung und Lagerung von Lebensmitteln gibt es seit Menschengedenken, sie wurden früher von Generation zu Generation mündlich überliefert. Manche Verfahren waren der Dame des Hauses vorbehalten; andere, die mehr Zupacken erforderten, dem Hausherrn. Die wohl älteste Methode ist das Trocknen, gefolgt von Einsalzen, Konservierung durch Zucker (z.B. Marmelade) und Gärung (Wein, Käse, Sauerkraut usw.).

Vorräte wurden früher ab Juni bis tief in den Dezember hinein produziert, damit auch in den langen Wintermonaten das Essen nicht knapp wurde. Schweinefleisch wanderte ins Salzfass, Schinken und Speck in die Räucherkammer, Schmalz ins Steinguttöpfchen, Öl in Krüge oder Flaschen, Mehl in den Kasten, Äpfel in den Kartoffelkeller, Trockenobst wurde in Dosen, Schnaps und Wein in große Korbflaschen gefüllt. Milch galt als Rohstoff, der zu Quark und Käse weiterverarbeitet wurde. Die Molke wurde entweder frisch getrunken oder zur Haltbarmachung von Fleisch, Fisch oder Butter benutzt, denn Milchsäure verlangsamt bzw. verhindert die Ausbreitung von Krankheitserregern. Früher war Milch ein rein saisonales Produkt, im Winter wurden die Kühe nicht gemolken. Deshalb musste sie rasch verarbeitet und gut konserviert werden, um einen Vorrat für die kalte Jahreszeit zu bilden. In Irland hat man vor einigen Jahren Butter in Holzfässern aus einem Torfmoor gefischt, die dort seit dem Mittelalter die Zeit unbeschadet überstanden hatte.

Die Vorräte durften nicht zu früh angebrochen werden, man ging sparsam damit um und schonte die Reserven. Nahrung und Speisen waren damals noch heilig und galten als Gabe des Himmels.

Lebensmittelverschwendung

Richtige Lagerung ist der Schlüssel zu weniger Vergeudung. Eine Studie des World Wide Fund (WWF) belegt, dass allein in Deutschland jeder Mensch durchschnittlich 80 kg Lebensmittel im Jahr wegwirft, wobei fast 50 Prozent davon Obst und Gemüse betreffen. Frappant ist, dass etwa ein Drittel der weggeworfenen Waren noch originalverpackt sind. In Deutschland landen gemäß dieser Studie pro Jahr 18 Millionen Tonnen Lebensmittel, die noch absolut genießbar wären, einfach auf dem Müll!

»Auf dem Weg vom Acker zum Teller geht ein Drittel der weltweit produzierten Nahrungsmittel verloren …«

Alte Pötte

Küchenutensilien werden heute mit einem Klick übers Internet bestellt oder im Supermarkt gekauft. Deshalb stellt sich auch niemand mehr die Frage, woher sie kommen und wie sie hergestellt wurden. Das ist bedauerlich!

Seitdem sich jedoch immer mehr Menschen wieder aufs Selbermachen besinnen, wird auch der Ruf nach qualitativ hochwertigen, handgefertigten Küchenhelfern von Herstellern, die ihr Metier verstehen, lauter. Es bleibt zu hoffen, dass sich dies zu einer kollektiven Einsicht ausweitet.

Schluss mit Plastikbehältern und Folien, Aluminium und Teflon®, die Schadstoffe und krebserregende Substanzen sowie oft auch Umwelthormone beinhalten und die den Lebensmitteln die Luft zum Atmen nehmen! Zurück zu Ton und Lehm, Emaille, Kupfer, Holz und Glas in unseren Küchen!

Küchenutensilien, die ganz oder teilweise aus soliden Grundstoffen sind, findet man auf Flohmärkten, in den Geschäften von gemeinnützigen Organisationen wie Oxfam, in Trödel- und Gebrauchtwarenläden. Stöbern Sie dort nach Herzenslust und geben Sie schönen alten Dingen ein neues Zuhause. Die meisten neuwertigen Produkte sind von deutlich minderer Qualität, und mit geplanter Obsoleszenz ist zu rechnen!

In früheren Zeiten waren »Über-Konsum« und Billigproduktion noch kein Thema. Im Gegenteil, man besaß wenig, aber das Wenige war schön und von guter Qualität – und alles hielt deutlich länger. Auch heute gilt der Grundsatz: Lieber nur einen einzigen Kochlöffel aus Holz, eine Suppenkelle, ein Schneidemesser, aber dafür qualitativ hochwertig. Die Wertschätzung steigt durch vernünftiges Maßhalten und führt zu mehr Sorgfalt im Umgang mit den Küchenhelfern.

Wenn solche Gegenstände aus einer anderen Zeit, voller Erinnerungen und Geschichte, etwas rostig, angelaufen oder in schlechter Verfassung sind, geben Sie ihnen trotzdem eine Chance! Sie lassen sich oft mit wenig Aufwand aufpolieren und erstrahlen dann in neuem Glanz.

Schwergewichte

Angerostetes Gusseisen lässt sich zum Beispiel sehr gut behandeln, indem Sie die Stellen zuerst mit Stahlwolle abschmirgeln und dann Topf oder Pfanne zur Hälfte mit Wasser füllen. Lassen Sie das Ganze etwa zehn Minuten kochen, um Schmutzreste zu lösen. Dann das Wasser abgießen und Topf oder Pfanne auskühlen lassen. Etwas Öl und eine Handvoll grobes Salz oder zerkleinerte Eierschalen (als Schleifpulver) hineingeben, um die Oberflächen mit einem Lappen blank zu reiben. Zum Schluss mit warmem Wasser und einem Tropfen Spülmittel auswaschen und abtrocknen. Falls noch Schmutzreste festsitzen, erneut einen Esslöffel Öl in den Topf oder die Pfanne geben und sie bei 180°C eine Stunde in den Backofen stellen. Herausnehmen und gut auskühlen lassen, bevor Sie die Schmutzreste ablösen. Vergessen Sie nicht: Gusseisen ist wie edler Wein – es wird mit den Jahren immer besser. Damit es ordentlich Patina ansetzen kann, sollten Sie es nach jedem Gebrauch einölen.

In puncto Glas kann ich nur raten, so viel Schraub- und Einmachgläser und Korbflaschen zu horten, wie Sie können! Sie sind einfach ideal für Konserven, die durch Gärung haltbar gemacht werden, also auch für selbst gebrautes Bier und Kombucha. Die Verwendung von Glas (anstelle von Plastik) ist beim Fermentieren deshalb wichtig, weil es gewährleistet, dass keine Giftstoffe ins Selbstgemachte gelangen. Weckgläser erleben, dank der wilden Entschlossenheit von Herstellern, sie wieder populär zu machen, tatsächlich eine Renaissance. Sie sind praktisch, billig und garantiert schadstofffrei, und ihre Durchsichtigkeit macht sie zu einem Blickfang. Sammeln Sie nur Gläser ohne Farbpigmente und Bemalung. Wenn Sie gebrauchte Einmachgläser (die es zuhauf in Gebrauchtwarenläden, bei Oxfam oder in Sozialkaufhäusern gibt) wieder zum Funkeln bringen wollen, reicht es völlig, sie mit einer Zitronenscheibe oder ein paar Tropfen Haushaltsessig abzureiben.

Gefäße aus Steingut sind beim Trödler oder auf alten Speichern seltener zu finden, was nicht zuletzt an ihrer unglaublichen Langlebigkeit liegt. Falls Sie zufällig eines erwerben können, fackeln Sie nicht lange – kaufen Sie es! Steingut begleitet Sie ein Leben lang. Ton ist, wiewohl etwas aus der Mode gekommen, eines der ältesten Gebrauchsmaterialien in der Küche. Krüge, Auflaufformen und Töpfe aus Steinzeug haben den Vorteil, dass sie keinerlei toxische Stoffe absondern, und ihre Porosität hat vielerlei Nutzen. Steingut ist einfach zu reinigen und lässt sich im Nu wieder aufpeppen.

Holz ist umweltfreundlich und wirkt antibakteriell, weshalb es in der Vorratshaltung seit Jahrhunderten eine wichtige Rolle spielt. Fisch und Fleisch, Wein und andere in Holzfässern gelagerten Produkte haben das Material einst, buchstäblich en passant, geadelt. In Form von Lattenkisten, Stiegen und Paletten bleibt Holz ein unverzichtbarer Rohstoff, der beim Transport von Obst und Gemüse für die richtige Klimatisierung sorgt, da er, unempfindlich gegen Kälte und Feuchtigkeit, thermisch und hygrometrisch regulierend wirkt.

Allerdings müssen auch Holzgefäße regelmäßig gereinigt (mit etwas Spülmittel und Bürste) und danach gut ausgetrocknet werden, sonst beginnt das Holz zu modern, und Keime und Bakterien breiten sich aus. Am besten nach der Reinigung mit etwas Öl einreiben – allerdings nicht mit Olivenöl, das hinterlässt einen schmierigen, klebrigen Film. Verwenden Sie stattdessen Mandel- oder Traubenkernöl.

Klar ist, dass sich die für die Lagerung und Konservierung verwendeten Materialien auf den Geschmack und das Aroma der Lebensmittel auswirken. Deshalb ist es auch kein Zufall, dass wir viele Spezialitäten wie Eintopfgerichte, Sauerkraut, Eierspeisen, Konfitüren und vieles andere am liebsten in Töpfen, Kesseln und Pfannen zubereiten, die schon unsere Großmütter verwendet haben.

Abgesehen davon, dass diese mit einer rustikalen Patina versehenen Utensilien im Unterschied zu neu gekauften, modernen Pendants eine höchst umweltfreundliche Wahl sind, finde ich die Vorstellung sehr charmant, dass sie eine Ewigkeit halten und ich sie eines Tages noch meinen Kindern vermachen kann, die mit ihnen aufgewachsen sind. Hach, was für schöne Erbstücke!

Es gibt viele gute Gründe, auf hochwertige Qualität beim Kauf von Produkten (und bei der Wiederverwertung von Gebrauchtwaren) zu achten, anstatt auf neumodische Materialien zu setzen, deren Namen oft Fantasieprodukte der Hersteller sind, die nur den einen Zweck verfolgen: uns zum Kaufen zu animieren. In Frankreich lautet ein schönes Sprichwort: »C'est dans les vieux pots qu'on fait les meilleures soupes« – die leckersten Suppen köcheln in alten Töpfen!

Es lohnt sich immer, für den Kauf eines hochwertigen (und deshalb teureren) Produkts zu sparen, denn Sie werden ein Leben lang Freude daran haben.

Wer beim Konservieren auf die Qualität und die besonderen Eigenschaften der Materialien achtet, erhöht nicht nur die Haltbarkeit der Lebensmittel, sondern schart schöne Dinge um sich, deren Anblick die Familie, Freunde und Gäste gleichermaßen erfreut.

Vom Flohmarkt oder Trödelladen

Eine kleine Aufstellung all der schönen Dinge, die Sie beim nächsten Besuch eines Flohmarkts unbedingt mitnehmen oder beim Ausmisten des Speichers nicht wegwerfen sollten. Es sei denn, Sie töpfern sich solche Sachen selbst – wer weiß!

Steinguttopf zum Einsalzen von Butter, Speck, grünen Bohnen oder Heringen

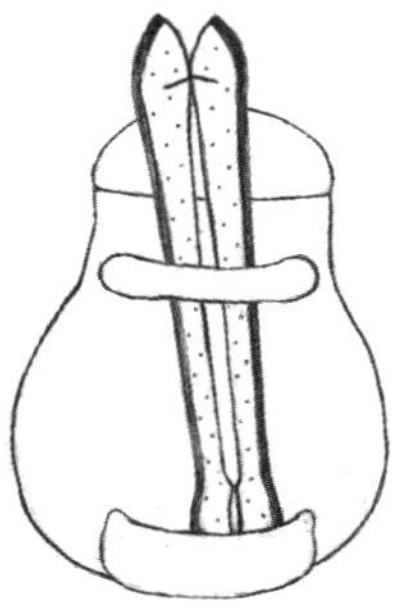

Gurkenglas

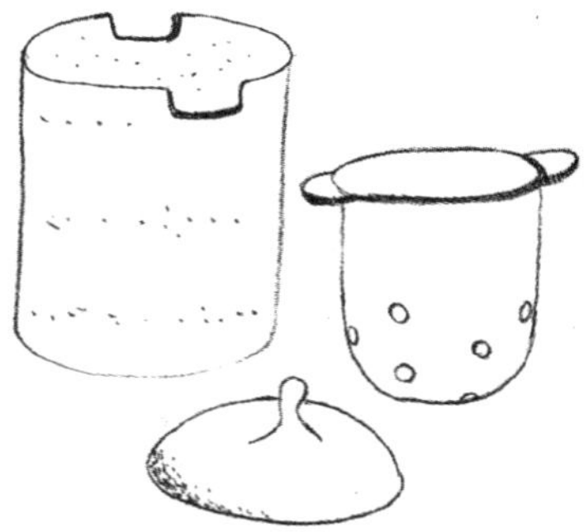

Abtropfbehälter für Frischkäse

Korbflasche
(auch Dame Jeanne genannt)

wassergekühlte Keramikbutterdose

Joghurtbecher aus Steingut

Käseglocke

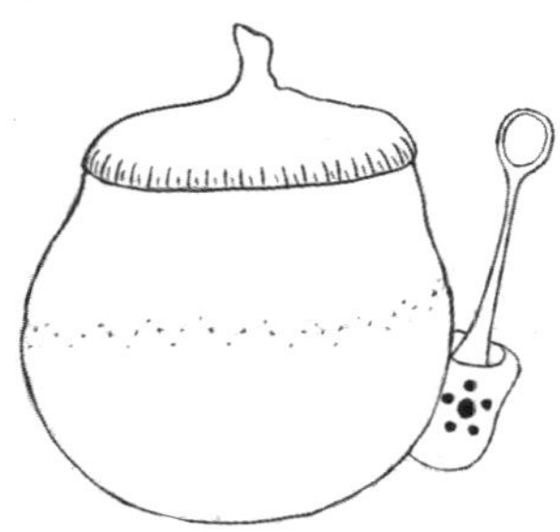

Salzbehälter mit Löffelchen

Brotkasten oder Brotsack

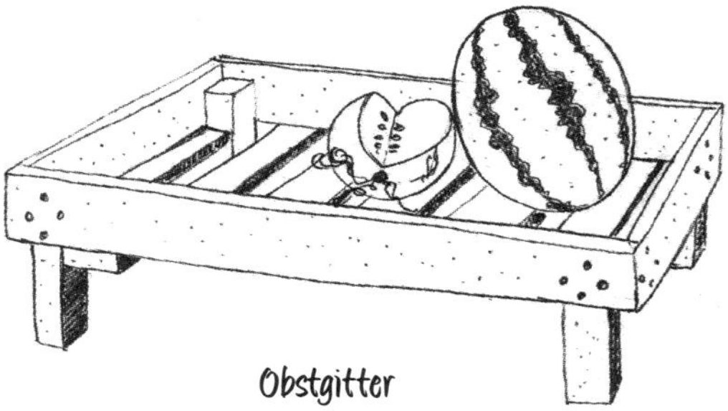

Obstgitter

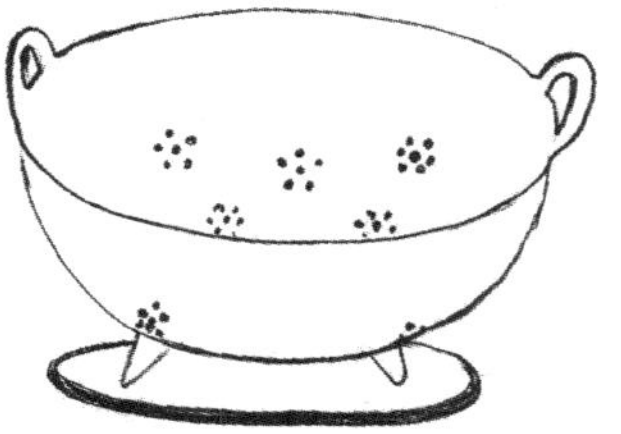

Abtropfsieb aus Keramik oder Emaille

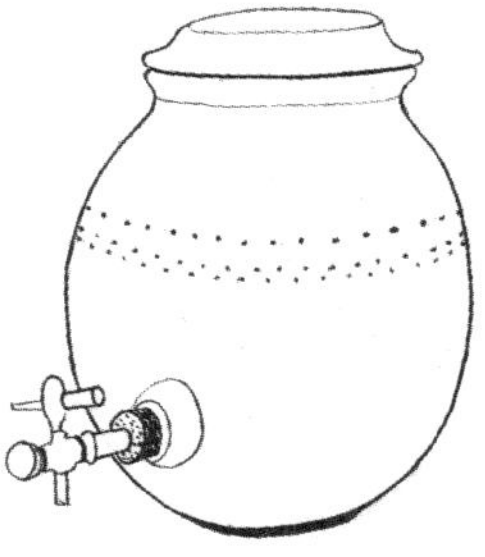

Essigfässchen

Ölflasche

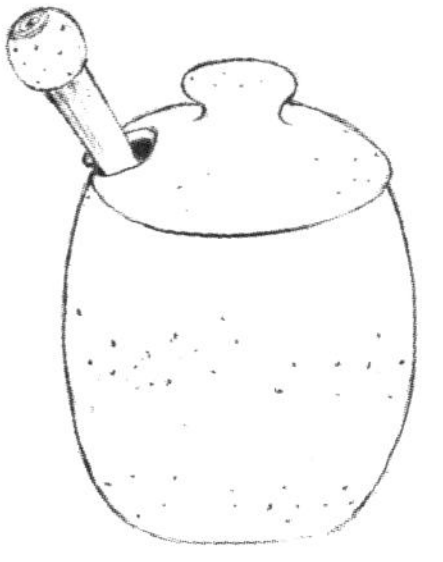

Senftöpfchen

Zwiebeltopf

Küchentuch aus Leinen oder Hanf

Weckgläser

Topf zur Herstellung von Milchvergorenem

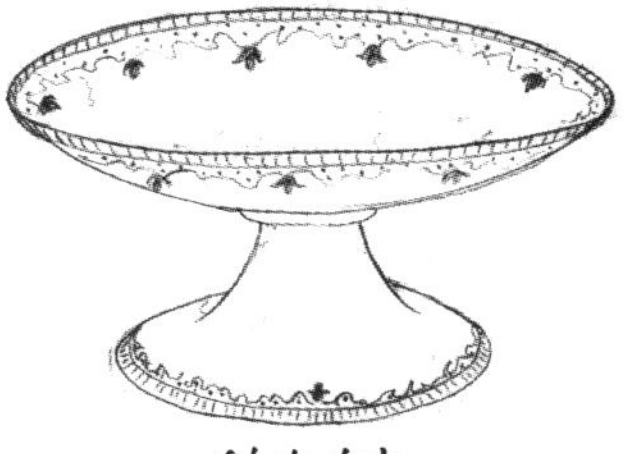

Obstschale

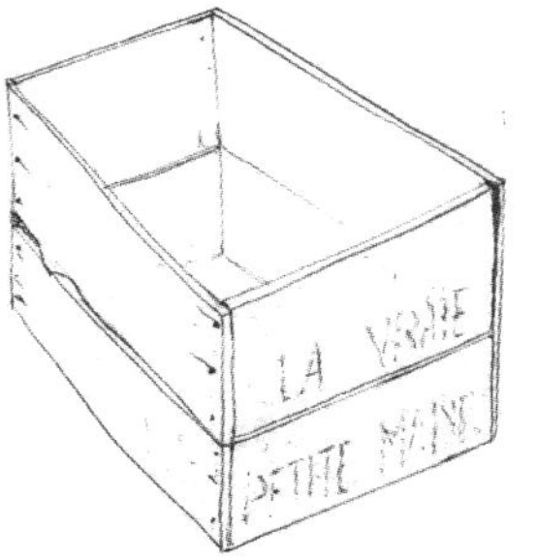

alte Weinkisten

»Es ist ein schönes Gefühl,
bereits ausrangierten oder
weggeworfenen Gegenständen
wieder einen Platz im Alltag
und neue Wertschätzung
zu schenken.«

Vorbereitendes

- Kaufen Sie Obst und Gemüse aus biologischem Anbau, denn es geht um Ihre Gesundheit! Konventionell angebaute Produkte werden schon während der Aufzucht mit Chemikalien behandelt und nach der Ernte durch diverse fungizide Bäder geschleust. Ein durchschnittlicher Apfel hat 36 chemische Behandlungen hinter sich, bis er bei uns auf dem Tisch landet. Und da ist die künstliche Wachsschicht noch nicht eingerechnet, die als »Schutzmantel« gegen Schädlingsbefall wirken soll und der die Frucht ihren glänzenden Auftritt verdankt.
- Die richtige Lagerung beginnt schon beim Einkaufen. Bedenken Sie, dass Obst und Gemüse, das bis zum Kauf nicht gekühlt wurde, länger hält. Ein Grund mehr, warum Sie regionalen Erzeugnissen mit kurzen Lieferwegen den Vorzug vor der Warenpalette großer Handelsketten geben sollten.
- Trennen Sie reifes Obst und Gemüse, das rasch verbraucht werden muss, von noch etwas »grünen«, nachreifenden Früchten. Vergessen Sie nicht: Orangen, Zitronen, Clementinen und Pampelmusen reifen nicht nach (es handelt sich um sogenannte nicht klimakterische Früchte), weil sie, anders als Äpfel, Birnen, Kiwis oder Avocados (die klimakterisch sind), bereits in vollreifem Zustand geerntet werden. Sie enthalten keine Stärke und brauchen deswegen auch keine zusätzliche Reifungsphase vor dem Verzehr. Eine reife Zitrusfrucht ist prall und schwer, und ihre Schale duftet. Auch Erdbeeren, Kirschen und Trauben reifen nicht nach.
- Richtige Lagerung bedeutet auch, Gemüse nicht gleich zu waschen. Erde und Sand bilden eine natürliche Schutzschicht, unter der sich das Gemüse länger hält. Allerdings muss es vor dem Kochen dann umso gründlicher gereinigt werden, denn ein Teelöffelchen Erde enthält Milliarden von Mikroorganismen.
- Gemüse ist auch länger haltbar, wenn es mit Essigwasser vorbehandelt wird (Weißwein- oder Branntweinessig). Essig vertreibt unerwünschte Kleinstlebewesen und hält den Fäulnisprozess auf, was die Lagerfähigkeit verlängert. Gönnen Sie Ihrem Gemüse ruhig zwei Bäder, doppelt hält besser! Der Trick mit dem Essigbad funktioniert übrigens auch bei Hühnchen, die schon leicht »riechen«. Lassen Sie den Vogel einfach ein paar Stunden vor der Zubereitung in ausreichend Essigwasser abtauchen.
- Empfindliche Früchte wie Erdbeeren, Himbeeren, Brombeeren, Heidelbeeren und dergleichen sollten möglichst nicht, oder nur ganz behutsam gewaschen werden, da man sie leicht zerquetscht.
- Frische Kräuter erst unmittelbar vor ihrer Verwendung waschen, sonst werden sie welk und gammelig. Am besten, man schlägt sie in ein feuchtes Tuch ein oder stellt sie in etwas Wasser wie ein Sträußchen.
- Eier lassen sich gut außerhalb des Kühlschranks aufbewahren, der Ort sollte jedoch vor Feuchtigkeit und Hitze geschützt sein. Bei trockener, lichtgeschützter Lagerung zwischen 5 und 15°C müssen Sie nur sicherstellen, dass die Schale unbeschädigt ist, dann ist der Verzehr unbedenklich.

- Meeresfrüchte sind extrem leicht verderblich, sie sollten sofort nach dem Kauf verzehrt (oder überhaupt nur als Spezialität im Restaurant bestellt) werden. Dasselbe gilt für Fisch, den Sie am besten gleich frisch auf dem Fischmarkt oder direkt beim Fischhändler schnabulieren. Meeresfrüchte und Fische müssen vor der Verarbeitung unter fließendem Wasser gründlich gewaschen werden.
- Wenn Sie Flexitarier*in sind und manchmal Lust auf ein schönes Stück Fleisch haben, kaufen Sie es unmittelbar vor der Zubereitung frisch beim Metzger. Fleisch, das nicht ewig im Kühlschrank herumlag, lässt sich besser braten und garen und bekommt eine schönere Farbe. Wer gut abgehangenes Fleisch mag, kann es bei richtig eingestellter Temperatur und Luftfeuchtigkeit in einem sogenannten Reifeschrank auch über längere Zeiträume lagern (die Dauer ist abhängig vom Säuregehalt des jeweiligen Stücks).

Das kleine Einmaleins der Nachbarschaften

Avocados lieben die Gesellschaft anderer Früchte. Neben Äpfeln und Bananen reifen sie schneller nach – das gilt auch für harte Pfirsiche.

Wer keine matschigen, überreifen Kiwis mag, bewahrt sie in gebührendem Abstand zu Bananen und Äpfeln auf, weil beide das Gas Ethylen absondern, das den Reifeprozess von Früchten enorm beschleunigt. Kiwis nehmen zudem die Aromen aus ihrer Umgebung an, also aufgepasst!

Lagern Sie Birnen nie neben Quitten, sie verderben deren feinen Geschmack – übrigens auch den von Äpfeln, wenngleich in geringerem Maß.

Kartoffeln, Äpfel und Zwiebeln vertragen sich nicht, sie sollten deshalb immer streng getrennt voneinander lagern. Alle drei produzieren Pflanzenhormone in Form von Gasen, die zu Oxidationsprozessen bei anderen Früchten führen. Obst und Gemüse in deren Nähe fault folglich schneller, und die Schadwirkung ist desto größer, wenn alle drei Sorten versehentlich oder aus Platzmangel an einem Ort versammelt sind. Es ist daher angeraten, Kartoffeln, Zwiebeln und Äpfel separat (die einen auf einem Gitter, die anderen in kleinen Kisten usw.) aufzubewahren.

Zitrusfrüchte sollten Sie nie neben eine Ananas legen, das schadet der Haltbarkeit von Ersteren.

Sauberkeit ist oberstes Gebot!

Vergessen Sie nie, sich die Hände gründlich zu waschen. Die kleine Geste hat große Wirkung, wenn es darum geht, die Übertragung von Keimen zu verhindern. Auch Küchenutensilien, Schneidebrettchen und Messer müssen nach jedem Gebrauch mit Spülmittel und Bürste gereinigt werden. Ein Brett, auf dem Sie eben ein rohes Hühnchen zerlegt haben, muss, bevor darauf Knoblauch und Zwiebeln geschnitten werden, einer kompletten Reinigung unterzogen werden. Umso mehr, wenn das Brett bereits Schnittkerben aufweist, denn darin tummeln sich Krankheitserreger mit Vorliebe.

Wärme spielt eine entscheidende Rolle bei der Verbreitung von Keimen. Kühlen und Einfrieren haben jedoch keine sterilisierende Wirkung; sie führen nur dazu, dass die Bakterien vorübergehend »inaktiv« werden! Kälte bremst die Vermehrung von Krankheitserregern zwar, ist jedoch kein Garant dafür, dass man sich nichts einfangen kann. Manche Keime sind nämlich schon in geringen Mengen gefährlich.

Für Viren stellen Lebensmittel ein prima Vehikel dar, um in unseren Darm zu gelangen. Eine Lagerung im Kühlschrank tötet die Parasiten auf Fleisch oder Fisch nicht ab, und oft werden die auf den Verpackungen angegebenen Kühltemperaturen in Supermärkten nicht eingehalten. Ein Kühlschrank im Haushalt einer vierköpfigen Familie wird zudem durchschnittlich siebzigmal am Tag auf- und zugemacht, was zu großen Temperaturschwankungen im Innenraum führt!

Kühlschrank abschaffen ist ja schön und gut, werden Sie sagen – aber wie steht es dann um die Kühlkette, die doch nicht unterbrochen werden darf? Wie ist eine optimale Lagerung der Lebensmittel dann noch gewährleistet?

Mit fortschreitender Zeit wird jedes Nahrungsmittel von Natur aus Verfallserscheinungen zeigen. Gründe dafür sind:

- Natürliche Enzyme, die sich von den Zellen des Lebensmittels ernähren und Fäulnisprozesse in Gang setzen;
- Zucker und Wasser, die die Vermehrung von Keimen begünstigen;
- Wärme und die Zufuhr von Sauerstoff, die Inhaltsstoffe verändern und den Verderb beschleunigen.

Doch zum Glück gibt es bewährte Methoden der Konservierung und Lagerung von Lebensmitteln, die vor Keimen schützen und die Ausbreitung von Mikroorganismen verhindern. Sie müssen auf das jeweilige Produkt abgestimmt sein, damit Geschmack und Nährstoffe trotz größtmöglicher Reduzierung der Risiken einer Verunreinigung weitgehend erhalten bleiben.

Und welche Rolle spielt das Einfrieren?

Unabhängig davon, ob Sie sich für einen Minikühlschrank erwärmen oder das Gerät ganz abschaffen wollen, bleibt das Einfrieren eine sinnvolle Lösung, um Reste und Überschuss haltbar zu machen und fertige Speisen schnell auf den Tisch zu zaubern. Frischen wir kurz unser Gedächtnis auf, wozu Einfrieren dient und wie es funktioniert.

Was geschieht bei der Tiefkühlung? Ganz einfach: Das in den Speisen enthaltene Wasser verwandelt sich in Eiskristalle. Die eisige Kälte verlangsamt Abbauprozesse, verhindert sie jedoch nicht vollständig. Keime und Bakterien wachen nach ihrem tiefgekühlten Winterschlaf beim Auftauen sofort wieder auf und vermehren sich weiter!

Deshalb ist beim Einfrieren wie beim Auftauen Vorsicht geboten. Hier ein paar Grundregeln, mit denen Sie auf der sicheren Seite sind:

- Überprüfen Sie die Temperatur Ihres Tiefkühlgeräts regelmäßig, sie sollte stets -18°C betragen.
- Kühlen Sie die Speisen schon vor dem Einfrieren ab. Je schneller die maximale Gefriertemperatur erreicht wird, desto besser. Warum? Weil die Eiskristalle dann kleiner ausgebildet werden, und das schont die Zellstruktur der Lebensmittel.
- Verteilen Sie das Gefriergut auf viele kleine Portionen in dafür geeignete Dosen oder Beutel (und drücken Sie so viel Luft wie möglich vor dem Verschließen heraus). Füllen Sie die Behälter nicht bis zum oberen Rand, denn beim Gefrieren dehnt sich das Volumen aus.
- Frieren Sie Lebensmittel nie direkt in der Verpackung aus dem Supermarkt ein, sie ist nicht luftdicht. Auch Reste nie im Kochgefäß oder Tischgeschirr einfrieren!
- Beschriften Sie Beutel und Dosen mit Datum und Inhalt.
- Einmal aufgetautes Fleisch in rohem Zustand nicht wieder einfrieren. Nachdem es gegart wurde, kann es jedoch problemlos ein zweites Mal eingefroren werden.
- Tauen Sie Gefriergut nie – wirklich nie! – bei Zimmertemperatur auf, denn ein allzu rascher Wechsel zwischen Kalt und Warm führt zu einer rasanten Vermehrung von Keimen. Wer einen Minikühlschrank besitzt, lagert das Gefriergut am besten dort, bis es vollständig aufgetaut ist. Für Eilige bieten sich zwei weitere Möglichkeiten an:
  - die Defrost-Funktion der Mikrowelle
  - oder das Spülbecken mit eiskaltem Wasser füllen und die Ware dort in der Gefrierverpackung (Weckglas, Tupperschüssel, Gefrierbeutel …) auftauen, beschwert von einem Gegenstand, damit das Gefriergut vollständig im kalten Wasser schwimmt. Ggf. Eiswürfel nachfüllen, damit sich das Wasser nicht erwärmt.

WAS SICH PRIMA ZUM EINFRIEREN EIGNET

… sind neben bereits garen Speisen wie Quiches, Lasagne oder Pizza auch Butter, Brot, Mehl, Sahne, Joghurt, Käse, Salatsoßen auf Essig-und-Öl-Basis, Suppen, Brühe, Tomatensoße, Brotteig, Pizzateig, Kuchen- und Keksteig ebenso wie Crêpes, Waffeln, Kuchen, Kekse, Püree, Cremesoßen und vieles mehr.

Generell gilt: Gefriergut innerhalb von drei Monaten nach dem Einfrieren verbrauchen. Auch wenn viele Lebensmittel tiefgekühlt durchaus länger haltbar sind, verlieren sie nach dieser Zeit an Inhaltsstoffen, Konsistenz, Farbe und Geschmack.

UNGEEIGNET FÜRS EINFRIEREN

Was nicht ins Tiefkühlfach gehört:

- Gemüse- und Obstsorten mit hohem Wasseranteil wie Gurken, Salat, Radieschen und Rettich, Tomaten, Melonen usw.
- Eiweiß von gekochten Eiern
- Mayonnaise
- Gekochte Nudeln und Reis

Gemüse, das vor dem Einfrieren kurz blanchiert (also wenige Minuten in kochendem Wasser überbrüht) und dann abgeschreckt wurde, behält seine natürliche Farbe, das gilt insbesondere für Spargel, Rote Bete, Karotten, Bohnen, Erbsen und Lauch.

Obst muss vor dem Einfrieren nicht blanchiert werden, allerdings neigen Äpfel, Birnen, Aprikosen und Pfirsiche dazu, an Schnittstellen anzulaufen. Dagegen hilft das Beträufeln mit etwas Zitronensaft.

Sehr fetthaltige Speisen und fettes Fleisch verlieren tiefgekühlt an Geschmack und oxidieren rasch.

Im Übrigen gilt: Lieber ein prall gefüllter Gefrierschrank als ein halb leerer, denn entgegen landläufiger Meinungen hält das Gerät die Solltemperatur in vollem Zustand verlässlicher konstant als in halb leerem und verbraucht somit weniger Strom.

Keine Angst vor Keimen!

Vorneweg: Es gibt keine Lebensmittel ohne Mikroorganismen. Die Ausbreitung von Mikroben und Krankheitserregern wie Salmonellen, Listerien, Escherichia coli, Clostridium botulinum usw. wird allerdings durch Kälte stark verlangsamt. Das Hauptproblem bei der Haltbarkeit ist die Ausbreitung von Keimen, deshalb wird die Kühlung von Lebensmitteln natürlich meistens empfohlen.

Doch seien wir ehrlich: Jeder von uns hat auch im Kühlschrank schon einmal grün-gräulichen Schimmelflaum auf einer unbemerkt, dem Blick entzogenen halben Zitrone im hinteren Winkel des Gemüsefachs oder rötlich schimmernde Sprenkel auf der Crème fraîche im Türfach entdeckt. Denn alles, was feuchter Luft ausgesetzt ist, setzt irgendwann Schimmel an, und viele Schimmelarten sind sogar an die Kälte angepasst. Obst neigt aufgrund seines hohen Säure- und Zuckergehalts besonders zu Schimmel, vor allem Zitrusfrüchte, aber auch zuckerhaltige Gemüsesorten wie Tomaten, Karotten und Auberginen sowie Milch und Milcherzeugnisse sind stark anfällig. Sie sind die Vehikel, durch die unerwünschte Eindringlinge in den Kühlschrank gelangen.

Der Begriff »Schimmelpilz« verweist zwar zunächst auf Fäulnis und Verderb, es gibt aber auch nützliche Schimmelpilze, etwa in Form von Hefen, die für viele Käsesorten, zur Wurstherstellung oder auch als Medikament (Penicillin!) eine wichtige Rolle spielen; sie haben durchaus produktive Eigenschaften. Schimmelpilze, die unerwünschte Veränderungen (Fäulnis) hervorrufen, erkennt man leicht am ekelerregenden Geruch und an ihrem unangenehmen, meist bitteren Geschmack.

Instinktive Ernährung

Verlassen Sie sich getrost auf Ihre Sinne und Eindrücke. Bakterien produzieren Gase, die die Verpackung aufblähen. Einen Joghurt, dessen Becher Veränderungen z.B. in Form einer Wölbung des Deckels aufweist, sollten Sie nicht mehr essen. Dasselbe gilt für verformte Konservendosen.

Lebensmittel, die seltsam riechen und schmecken oder farblich ungewöhnliche Nuancen, wenn nicht sogar Schimmelflaum, oder schlimmer noch: alles auf einmal aufweisen, dürfen keinesfalls verzehrt werden! Nahrung muss stets appetitlich sein und gut schmecken. Der Geruch ist leider nicht immer ausschlaggebend als Kriterium, denn selbst wenn das Produkt noch nicht riecht, kann es bereits von Schimmel und Bakterien befallen sein. Vorsicht ist also immer angebracht. Sollten Sie trotzdem einmal versehentlich ein bisschen Schimmel verschluckt haben, keine Bange: Es ist weder gefährlich noch gesundheitsschädlich.

Freunde gehen vor

Noch einmal ein wichtiger Hinweis, bevor's wirklich ans Eingemachte geht: Die Ess- und Konsumgewohnheiten sind ausschlaggebend bei der Frage, ob der Kühlschrank abgeschaltet werden soll. Wer sich vorwiegend von Fertigprodukten wie Pizza, Supermarkt-Joghurt und anderen industriell erzeugten Spezialitäten ernährt, braucht einen Kühlschrank. Wer sich aber auf das Abenteuer ohne Kühlschrank einlässt, braucht gute Freunde, Berater und »aufklärende Aufgeklärte«, wie ich sie gern nenne. Ich werde einige von ihnen im Buch vorstellen – Menschen, denen ich bei meinen Recherchen begegnet bin, die ihr Wissen wie selbstverständlich mit mir teilten und Wichtiges zu meinem kleinen Plädoyer für alternative, natürliche Verfahren der Haltbarmachung und Lagerung von Lebensmitteln beisteuerten. Die Idee, Tipps und hoffentlich gut verständliche Rezepte mit kurzen Interviews zu spicken, um Menschen vorzustellen, die mit Hingabe traditionelle Verfahren anwenden und modern interpretieren, gefiel mir auf Anhieb.

Sie leben bei Weitem nicht alle ohne Kühlschrank und wenden nicht sämtliche hier vorgestellten Methoden zugleich an – das wäre ein Ding der Unmöglichkeit! Aber alle tragen eine bestimmte Zutat zum unerschöpflichen Vorrat an Wissen bei.

Und schließlich will ich noch einmal betonen, dass ich niemanden zu seinem Glück zwingen will, und dazu, den Kühlschrank gegen eine Räucherkammer oder solarbetriebene Dörrvorrichtung einzutauschen. Das Buch soll Anreize bieten und die Geschmacksvielfalt und die Freude am Selbstgemachten hochhalten, gegen die sterile Fertigprodukte ohne jeden Mehrwert blass aussehen; es wirbt für einen Ernährungsstil, der gesundheitsfördernde Bakterien für die Darmflora begünstigt, und es soll nicht zuletzt dazu beitragen, der Verschwendung von Lebensmitteln vorzubeugen.

Lagerung

Temperatur, Licht oder Dunkelheit, Luftzufuhr, Material der Gefäße und Behälter … bei der Lagerung von Lebensmitteln gibt es manches zu beachten. Richtig gemacht, kitzelt man aus den Produkten das Beste heraus, was sie an Gaumenfreuden, Aromen und Nährstoffen zu bieten haben – ohne an Qualität und Geschmack einzubüßen.

... den Knoblauch ins Töpfchen

Knoblauch und Schalotten sind für das Aroma unzähliger Speisen unerlässlich und lassen sich sehr gut lagern. Bei niedrigen Temperaturen und in feuchter Umgebung treiben sie jedoch schnell aus, verlieren Wasser und ihren typischen Geschmack. Sie sollten deshalb an einem trockenen, lichtgeschützten Ort aufbewahrt werden. Knoblauch hält sich 6 – 12 Monate, rosa und violette Sorten sind länger haltbar als weiße. Wird eine Knolle angebrochen, muss diese bald aufgebraucht werden, das verkürzt nämlich die Haltbarkeit. Einzelne Knoblauchzehen halten sich maximal zehn Tage frisch.

So geht's:

Verwenden Sie frische, feste Knollen und Schalotten, deren Schale trocken und papierartig ist. Falls Sie einzelne Zehen aufbewahren wollen, drücken Sie diese ein wenig platt, damit Luft an sie kommt. Füllen Sie das Ganze entweder in einen gelochten Zwiebeltopf aus Keramik oder in einen Korb. Ein Deckel ist unnötig, denn Knoblauch braucht Luft, um sein Aroma zu entfalten. Wenn Sie einen Knoblauch- oder Zwiebelzopf erstanden haben, hängen Sie ihn einfach auf. Auch ein Netz, allerdings nicht aus Plastik, sondern aus Baumwollgarn, Leinen oder Hanf, leistet gute Dienste. Bereits faulige Zehen und Schalotten müssen gleich entfernt werden, weil sie sonst ihre Nachbarn anstecken. Auch abgeblätterte Teile der Schalen, die sich am Boden des Gefäßes ansammeln, sollten regelmäßig entfernt werden, sie behindern die Luftzirkulation. Eine Handvoll grobes Meersalz als Bodensatz verlängert die Haltbarkeit der Knollen, da Salz der Luft Feuchtigkeit entzieht.

Recycling

Alte Knoblauch- oder Zwiebeltöpfe werden massenhaft auf Flohmärkten und beim Trödler feilgeboten. Falls Sie gerade keinen zur Hand haben, tut es auch eine braune Papiertüte vom Markthändler. Mit ein paar Löchern versehen, lässt sich auch so die Haltbarkeit der würzigen Knollen verlängern.

Apropos ...

In früheren Zeiten wurden Knoblauch und Zwiebeln in langen Zöpfen zum Trocknen an einen sonnigen Platz gehängt. Das war die sicherste Methode der Lagerung; manchmal wurden die kleinen Wurzelenden der Zehen angekokelt, um sie am Auskeimen zu hindern. Räucherknoblauch, eine Spezialität aus dem Norden Frankreichs, wird durch Trocknung in einer Räucherkammer erzeugt; früher verwendete man Torf für den Rauch, heute Holz oder Holzkohle. In Japan wird weißer Knoblauch traditionell in salzigem Meerwasser fermentiert, was ihm ganz wunderbare neue Eigenschaften verleiht. Der so erzeugte »schwarze Knoblauch« wird dort als süße Delikatesse schnabuliert!

Plus

+ Durch das Trocknen entfalten und konzentrieren sich die Geschmacksstoffe optimal, und es macht die Knollen haltbar.
+ Töpfe und Zöpfe sind dekorativ ohne viel Firlefanz.
+ Die Knollen sind immer in Reichweite.

Zwiebeln chic bestrumpft

Fangen wir ganz vorne an: Es gibt zum einen Frühlingszwiebeln, die man zum Lagern in ein Glas Wasser stellt, und es gibt Speisezwiebeln, die einen trockenen und lichtgeschützten Aufbewahrungsort brauchen, damit sie nicht austreiben. Speisezwiebeln gibt es in scharfen und milden, roten und gelben Sorten; sie treiben nicht nur aus, sondern uns auch Tränen in die Augen wegen ihres hohen Schwefelgehalts, der allerdings auch konservierende Wirkung hat.

So geht's:

Man nehme einen alten Nylonstrumpf oder eine Strumpfhose aus Lycra® und wasche sie gründlich. Lycra® ist zwar teurer, eignet sich aber noch besser, weil das Material atmungsaktiv und blickdicht (also lichtundurchlässig) ist, und beides verlängert die Haltbarkeit. Behandeln Sie die zu lagernden Zwiebeln zart, damit sie sich nicht entblättern; sie brauchen den Schutzmantel. Lassen Sie die erste Zwiebel in den Strumpf oder das abgeschnittene Bein der Strumpfhose gleiten, und knüpfen Sie einen Knoten oberhalb der Zwiebel. Verfahren Sie mit der zweiten Zwiebel ebenso, machen Sie den nächste Knoten und so weiter, bis der Strumpf ganz gefüllt ist. Wenn Sie den Strumpf bei der Entnahme später nicht zerschneiden wollen, verwenden Sie einfach Gummis oder Wäscheklammern aus Holz anstelle der Knoten. Prüfen Sie den Strumpf regelmäßig auf austreibende Knollen, die Sie entweder rasch verbrauchen oder als Setzling im Garten auspflanzen können.

Recycling

Nylonstrumpfhose, Einzelstrumpf, Netzstrumpfhose, aus Spitze, mit Flitter oder getüpfelt, sogar Laufmaschen – alles ist erlaubt! Falls Sie aus Prinzip keine Nylonstrümpfe tragen, können Sie anstelle eines Strumpfs auch ein längliches Netz oder Makramee verwenden, Hauptsache die Zwiebeln sind vor Sonnenlicht und Feuchtigkeit geschützt. Im Licht verändern sie ihren Geschmack und werden bitter.

Apropos …

Früher hat man das Grün der Zwiebeln zusammengeflochten oder geknotet, um die Reifung zu beschleunigen. Nun wissen Sie das auch …

Plus

+ Die wertvollen Inhaltsstoffe der Zwiebel bleiben lange erhalten.
+ Die Idee ist originell und garantiert ein Blickfang.
+ Wunderbare Recycling- bzw. Upcycling-Methode für alte Strümpfe – weg mit den alten Zöpfen!

Minus

– Das ungeduldige Warten, bis der letzte Knoten gelöst ist.

bodegasJuanGil
HAURET
BALEINE
.COM
HAUTES
TERRES
MIS EN
BOUTEILLE
A LA
BEAUBOIS

Äpfel in Horden

Äpfel sind Lagerobst (wie Birnen, bis auf die Sorte Williams-Christ), das sich ohne weiteres Zutun den ganzen Winter über hält. Die in ihnen enthaltene Stärke verwandelt sich langsam zu Zucker, weshalb sie im Lauf der Monate einen immer intensiveren süßlichen Duft entwickeln. Bei Raumtemperatur können sie sich am besten entfalten. Damit sie lange frisch und knackig bleiben, sollten Sie ein paar Dinge beherzigen. Bei Temperaturen unter 10°C büßen sie nicht nur ihre Süße, sondern auch ihre Lagerfähigkeit ein. Zu viel Wärme tut den Früchten auch nicht gut, deshalb hat man sie früher einfach in den Keller verfrachtet …

So geht's:

Wählen Sie Äpfel mit Liebe und Stiel! Setzen Sie die Grannys, Pink Ladys oder Renetten (Hinweis: Die Reifezeit ist bei jeder Apfelsorte unterschiedlich) ungewaschen in eine Lattenkiste oder Stiege mit gitterförmigem Boden und benutzen Sie alte Flaschenkorken als Abstandhalter. Sorgen Sie nun noch dafür, dass Insekten und kleines Flattergetier (Mücken, Motten, Falter …) keinen Zugang haben, denn sie verhindern die Reifung und führen zu Fäulnis. Die Früchte müssen an einem kühlen, dunklen Ort gelagert und regelmäßig (etwa alle zehn Tage) umgedreht werden. Kontrollieren Sie sie auf Runzeln und Schimmel. Falls ein Apfel gammelig ist, trennen Sie ihn von den Artgenossen, sonst überträgt er seine Fäulnisbakterien auf die anderen.

Recycling

Von gebrauchten Kisten und Stiegen war schon die Rede, aber wussten Sie, dass sich auch alte Eichenfässer vorzüglich zur Lagerung von Obst eignen? Falls Sie rein zufällig ein solches zu Hause haben, legen Sie den Boden einfach mit Stroh oder sauberem Sand aus und nutzen Sie es als Vorratskammer. Eine frische Knoblauchzehe leicht zerdrückt am oberen Rand über dem Lagergut beugt Fäulnis vor.

Apropos …

Früher wurden Äpfel, um sie vor Frost zu schützen und möglichst lang zu lagern, in einer speziellen Obstmiete oder einem Naturkeller aufbewahrt. Dort überstanden sie auch die rauesten Fröste bis weit ins folgende Jahr hinein.

Plus

+ Der wunderbare Geschmack, der durch die Nachreifung an der Luft immer besser wird.
+ Die Äpfel sind immer in Reichweite und laden zum Schnabulieren ein, was der Verschwendung entgegenwirkt.
+ Es ist die wohl wirtschaftlichste Lagermethode überhaupt!

Minus

– Das Verfahren ist nicht gerade platzsparend.
– Das regelmäßige Kontrollieren erfordert einen gewissen zeitlichen Aufwand.

Käse unter der Haube

Käse erfordert viel Sorgfalt, denn es handelt sich um ein Produkt voller quicklebendiger Organismen. Die Rinde dient dem Schutz der Aromen in der Käsemasse, weshalb sie nie vor dem Verzehr entfernt werden sollte. Oft ist sie ganz hübsch anzusehen und in vielen Fällen sogar genießbar. Bei der Lagerung ist zu beachten, dass zu viel Kälte die natürliche Reifung verhindert, der Käse verliert dann an Geruch, Geschmack, Farbe, Aussehen und Konsistenz. Andererseits setzt zu viel Wärme unerwünschte Gärprozesse in Gang, die ins Verderben führen. Verschlossen in Plastikbehältern, trocknet Käse aus, weil ihm die Luft zum Atmen fehlt … setzen Sie also den Verbrechen am Käse ein Ende und machen Sie es richtig!

So geht's:

Verwenden Sie das perforierte Wachspapier von der Käsetheke einfach zu Hause weiter – aber reinigen Sie es, bevor Sie das nächste Stück darin einwickeln. Käse stets einzeln und nicht luftdicht verpacken. Noch genialer ist natürlich die Verwendung einer selbst hergestellten Bienenwachs-Folie (siehe Seite 89). Die verpackten Käsestücke dann unter die Haube bringen (es gibt speziell dafür gemachte, luftdurchlässige Sets aus geflochtenem Stroh oder Weidenzweigen, aber auch ein Brettchen mit einem umgekehrt darübergestülpten Korb erfüllt den Zweck). An einen kühlen, trockenen Ort stellen, vor Sonneneinstrahlung schützen und atmen lassen. Wenn Sie oft Käse essen und genügend Platz zu Hause haben, lohnt sich vielleicht die Anschaffung eines Käseklimaschranks; die gibt es bisweilen gebraucht für wenig Geld. Roquefort-Sorten und Edelpilzkäse, denen während der Milchsäuerung spezielle Schimmelbakterien zugesetzt werden, erfordern eine Sonderbehandlung. Aufgrund ihres hohen Feuchtigkeitsgehalts bewahrt man sie am besten in Omas wassergekühlter Butterdose auf oder in einem feuchten Tuch. Industriell abgepackten Reibekäse können Sie übrigens getrost vergessen! Der hat längst jeden Geschmack verloren. Investieren Sie lieber eine Minute Zeit und reiben Sie eins Ihrer Käsestücke unter der Haube nach Bedarf und kurz vor dem Verzehr selbst. Stark riechende Käsesorten einfach mit einem Kränzchen aus frischem Thymian krönen!

Recycling

Anstelle des wiederverwendeten, beschichteten Wachspapiers können Sie auch braune Bratfolie nehmen – am besten die aus dem Bioladen, die lässt dem Käse ebenfalls Luft zum Atmen.

Apropos …

Wie bei Gemüse und Fisch, gibt es auch beim Käse saisonale Besonderheiten. Im Winter muss er nämlich nicht vorher verpackt werden, sondern kommt dann direkt unter die Haube. Trotzdem empfiehlt es sich, immer nur so viel Käse zu kaufen, wie man in ein oder zwei Tagen verbraucht. So bleiben die Geschmacksaromen stets optimal erhalten.

Plus

\+ Bei guter Haltung entfaltet Käse unter der Haube ein unvergleichliches Aroma.

\+ Der Geruch des Käses überträgt sich nicht auf andere Lebensmittel.

Minus

– Kleinteiliger Einkauf an der Käsetheke.

– Manche Käsesorten beginnen bei wärmeren Temperaturen zu schwitzen.

PORTRÄT

Maschas Frischkäse

Mit Mascha, deren Mutter aus Polen stammt, habe ich schon die Seminarbank an der Uni gedrückt. Sie hat eine Menge alte Rezepte von ihren Großeltern auf Lager. Sie lebt in Paris, ist nun selbst Mutter geworden und besinnt sich gern auf ihre Wurzeln. Hier verrät sie, wie man den berühmten polnischen Twarog, eine Art Schichtkäse, herstellt, der sich prima bei Raumtemperatur aufbewahren lässt.

Mascha, Du bist oft zu Deinen Großeltern nach Polen gefahren, welche Erinnerungen hast Du daran?

Das war meistens in den Sommerferien. Wir sind mit unserem alten grünen Passat erst durch Westdeutschland, dann durch Ostdeutschland gerattert; ich erinnere mich vor allem an die endlosen Schlangen an den Grenzen. Bei den Großeltern in Warschau freute ich mich immer aufs Frühstück. Wenn ich wach wurde, war mein Opa schon weg, um beim Bäcker *jagodzianki* (kleine süße Milchbrötchen mit Heidelbeerfüllung) und *bułeczki* (Rundbrötchen) zu besorgen. Aufs Brötchen schmierte ich mir eine dicke Portion Butter und manchmal ein Stück Schichtkäse. Oft sind wir mit der ganzen Familie eine Woche raus aus der Stadt aufs Land im Nordosten von Warschau gefahren. Dort hatten wir ein Ferienhaus, und mein Onkel und meine Tante zogen schon frühmorgens los, um Pilze zu sammeln. Mit prall gefüllten Körben kehrten sie zurück, und meine Tante hat die Pilze dann auf eine lange Schnur gefädelt und wie Schmuckgirlanden an einer Holzwand zum Trocknen aufgehängt. Nach zwei Tagen war es so weit, und die Pilze wurden in ein Schraubglas verfrachtet oder gleich in einer knisternd heißen Pfanne mit Butter gebraten.

Wie lebten Deine Großeltern in Warschau?

Ich erinnere mich vor allem an die riesigen Stufen, die zu ihrer Wohnung führten. Und an die langen Schlangen vor den Geschäften in der Innenstadt. An die Küche und den Schrank unterm Fenster, der als Vorratskammer diente, und an *krówki* – kleine leckere Sahnekaramellbonbons, die in einer großen Papiertüte aufbewahrt wurden.

Aber eine polnische Spezialität hat es Dir besonders angetan, stimmt's?

Twaróg wiejski, der polnische Frischkäse, den es in westeuropäischen Ländern leider nicht gibt. Ich bin ganz versessen darauf! In Polen wird er für alles Mögliche verwendet. Zum Beispiel für *sernik*, den berühmten Käsekuchen, für die Füllung von Piroggen, für crêpesartige *naleśniki* mit Kompott aus roten Früchten, als Brotbelag und sogar zu Spaghettigerichten. Schon beim Reden läuft mir das Wasser im Mund zusammen!

Wie wird dieser Käse nach Hausfrauenart hergestellt?

Meine Tante machte ihn in einem einfachen Holzpott, ich sehe sie noch vor mir im Ferienhaus auf dem Lande. Sie holte frische, noch euterwarme Milch beim Bauern und vermischte sie mit bereits angedickter Milch. Dann hat sie den Topf am wärmsten Platz im Haus zwei Tage ruhen lassen. Danach war die Masse dick und wurde nun eine Stunde lang bei 50°C erhitzt. Anschließend tropfte der Käse in einer Mullwindel oder einem Küchentuch über einer Schüssel langsam ab. Sobald das Wasser weitgehend abgeflossen war, schnürte meine Tante den Klumpen fest ins Tuch ein und beschwerte das Ganze mit einem Teller, auf den meistens noch ein Krug mit Wasser kam, um das Gewicht zu erhöhen. So wurde noch mehr Wasser herausgepresst und die Masse noch ein bisschen fester. Nach einiger Zeit wurde das Tuch entfernt und *voilà* – der Frischkäse war fertig! Er ließ sich problemlos ungekühlt aufbewahren; bei uns stand er einfach auf dem Tisch im Esszimmer, abgedeckt mit einem Teller, und man aß tagelang davon.

Warum macht man sich in Polen bis heute die Mühe, den Käse selbst herzustellen? Immerhin erfordert das viel Zeit und Know-how.

Obwohl es zu Zeiten des Kommunismus schwer war, an die Hauptzutat, nämlich Frischmilch, heranzukommen, schaffte man es, die Rezeptur so anzupassen, dass die Tradition sich bewahrte. Dank des polnischen Eigensinns bin ich heute in Paris in der glücklichen Lage, meinem Sohn diese Version der proustschen Madeleine als Geschmackserlebnis weiterzugeben.

Kartoffeln froh im Haferstroh

Bei Kälte faulen sie, im Warmen treiben sie aus, und bei zu viel Licht laufen sie grün an und werden bitter … trotzdem lassen sich Kartoffeln unter bestimmten Bedingungen 8 – 12 Monate lagern – kaum zu glauben! Hier ein paar Tipps, wie man sie sicher durch den Winter bringt.

So geht's:

Um die Knollen möglichst lang zu lagern, müssen sie unbedingt an einem trockenen, dunklen, vor Zugluft geschützten Ort aufbewahrt werden, denn im Hellen keimen sie aus. Weiterer Nachteil: Sie schrumpeln leicht! Um das zu verhindern, sollte die Lagertemperatur 8 – 10°C betragen. Achtung: Fäulnis geht schnell auf andere Knollen über! Sortieren Sie befallene Kartoffeln sofort aus, schneiden Sie die betroffenen Stellen aus und geben Sie die auf den Kompost. Der Rest der Kartoffel ist genießbar; verbrauchen Sie am besten auch gleich die Kollegen, die mit dem faulen Bruder Kontakt hatten. Vergessen Sie nicht, die Knollen regelmäßig auf Keimlinge zu prüfen und diese gleich zu entfernen. Weist eine Kartoffel grüne Stellen an der Schale auf – weg damit! Sie ist voller Alkaloide und deshalb hochgiftig. Zur Lagerung eignet sich grundsätzlich jeder größere Korb, der dann einfach in eine dunkle Ecke gestellt wird. Legen Sie den Boden mit einer dicken Schicht Stroh aus und geben sie nur »gesunde« Kartoffeln hinein. Wechseln Sie das Strohbett der Königin des Ackers regelmäßig.

Recycling

Auf die Gefahr hin, mich zu wiederholen: Fässer eignen sich hervorragend als »Nischen« für Obst und Gemüse, gut auslegt mit Stroh oder Zeitungspapier – immer vorausgesetzt, man hat eins zur Hand. In einer Stadtwohnung ist ein Fass natürlich nicht so einfach unterzubringen wie in einem Haus auf dem Land. Weidenkörbe sind etwas praktischer, aber natürlich lässt sich auch schickeres Mobiliar zweckentfremden.

Apropos …

Unsere Großeltern lagerten die Kartoffeln in einem Verschlag oder im sogenannten Kartoffelkeller. Manchmal gruben sie ihnen einfach eine Grube im Garten und bedeckten das Ganze mit einer dicken Schicht Stroh oder Laub.

Ansonsten

… können Sie Ihre Lindas, Lauras, Nicolas, Freyas, Sieglindes und wie sie alle heißen, auch in Holzkisten lagern, die ebenfalls mit Stroh (falls zur Hand) oder mit Zeitungspapier ausgelegt und auch bedeckt werden, um den Verheerungen eines Lichteinfalls vorzubeugen. Oder Sie stecken sie einfach in einen Jutesack.

Und was noch?

Auch Süßkartoffeln, Topinambur, Pastinaken, Knollenziest und Meerrettich fühlen sich mopsig froh im Haferstroh.

Plus

\+ Die Lebenserwartung Ihrer knolligen Schützlinge verlängert sich um ein Vielfaches.

Minus

– Die Vorratskammer kann sich zu einer – nun ja: recht lebendigen Bude auswachsen.

Ab ins Wasser!

Kräuter und so manches Gemüse bleiben länger frisch, wenn man sie einfach ins Wasser stellt. Denn die weitverbreitete Meinung, Pflanzen seien nach der Ernte »tot«, ist ein Trugschluss! Setzen Sie das Wurzelende einer Lauchstange oder den Strunk eines Salatkopfs ins Wasser und überprüfen Sie es! Das Wasser muss allerdings täglich gewechselt werden. So können Sie genau die Menge, die Sie zum Kochen brauchen, oben abschneiden und der Pflanze anschließend beim Nachwachsen zusehen! Das Gemüse bleibt bis zur Verwendung frisch, es kann aber auch jederzeit im Garten ausgepflanzt werden – wie es beliebt!

Le Parfait
Super

Durchlaucht eingetaucht

Lauch aus dem Laden oder dem eigenen Garten wächst nach, wenn man das Wurzelende ins Wasser taucht. Das gilt für alle Gemüsesorten, die Wurzeln bilden, und für Kopfsalat und Kräuter wie Basilikum, Minze, Koriander, Zitronenmelisse und so weiter. Dabei handelt es sich nicht um eine Auferstehung von den Toten (denn die Pflanzen sind auch nach der Ernte noch quicklebendig), sondern eher um eine Art zweiter Frühling, den Sie ihnen bescheren!

So geht's:

Nehmen wir den Lauch als Paradebeispiel. Am besten Stangen aus dem Bioladen verwenden, denn konventionell angebauter, mit Pestiziden behandelter Lauch wächst in der Regel nicht mehr nach. Schneiden Sie die Stange einige Zentimeter über dem Wurzelende ab und legen Sie das untere Ende dann in eine Schale mit lauwarmem Wasser. Stellen Sie diese an einen sonnigen Ort, am besten aufs Fensterbrett und in die Nähe des Spülbeckens, damit Sie alles in Reichweite haben, um das Wasser täglich zu wechseln. Die zarten Wurzelenden dürfen nie im Trüben schwimmen. Schneiden Sie von der rasch nachwachsenden Stange immer nur so viel ab, wie Sie für den unmittelbaren Bedarf brauchen.

Recycling

Recyceln Sie nach Belieben alte Vasen, Einmachgläser, Aquarien oder Apothekerflaschen und -gläser mit großer Öffnung, die sind besonders dekorativ.

Und was noch?

Kopfsalat, Kohl und Blumenkohl, Mangold, Fenchel, Stangensellerie, Lauch, Artischocken, Karotten, Lauchzwiebeln, junge Schalotten, Brokkoli, Knoblauch – die Liste der Gemüse, die durch Wässerung des Strunks oder der Wurzeln nachwachsen, ist lang! Beim Salat einfach den Strunk sauber abschneiden und dann in ein passendes Gefäß mit Wasser setzen. Stangensellerie treibt aus, wenn man das untere Ende abschneidet und in lauwarmes Wasser legt. Auch mit Knoblauch kann man so verfahren, allerdings dürfen da nur die winzigen Wurzelenden im Wasser stehen, nicht die Zehen selbst, sonst fangen sie an zu faulen. Sobald sich etwa 2 cm lange Sprossen entwickelt haben, kann man die Zehen auch eintopfen oder auspflanzen, dann wächst nicht nur Grün, sondern die ganze Knolle nach. Manche Pflanzen wachsen natürlich langsamer, andere schneller …

Plus

+ Sie kommen stets in den Genuss von erntefrischem Gemüse, das voller Leben und deshalb noch reicher an Nährstoffen, Vitaminen und Antioxidantien ist.
+ Der Spareffekt: Eine, zwei oder drei Gemüsesorten weniger einkaufen zu müssen ist ein echter Gewinn!
+ Das Schauspiel, das uns das Gemüse beim Nachwachsen bietet.

Minus

– Man darf nicht vergessen, das Wasser zu wechseln (spätestens alle zwei Tage).
– Die leicht riechenden »Winde«, die Lauch bei jedem neuen Wachstumsschub absondert.

PORTRÄT

Salindrahs grüner Nachwuchs

Salindrah lernte ich während eines Abendessens bei einer gemeinsamen Freundin kennen. Wir waren sofort auf einer Wellenlänge und trafen uns wenig später erneut bei ihr zu Hause. Dort zeigte sie mir ihren »Kinder-Garten«: eine riesige Sammlung nachwachsenden Gemüses in Gläsern, Schalen und Tassen, die einen Ehrenplatz in ihrer Küche einnahmen. So etwas hatte ich bis dahin noch nie gesehen!

Aus welchem Grund hast Du beschlossen, Deinen Kühlschrank abzuschaffen?

Es fing mit einer frustrierenden Einsicht an: Irgendwann merkte ich im Alltagsstress, dass mir alles fad war, überall Aromen und Würze fehlten. Und das, obwohl mein Vater Koch ist und uns so erzogen hat, dass wir auf unsere Ernährung achtgeben. Ich hatte plötzlich das Gefühl, dass ich all meine kulinarischen Werte preisgab. Dabei sind sie so wichtig! Das habe ich aber erst später in einem ganz anderen Kontext begriffen, als ich am Louis-Pasteur-Institut in Straßburg studierte und sah, wie sich Pflanzen unter idealen – und manchmal völlig unerwarteten – Bedingungen entfalteten: Sie atmen, trinken, essen, haben Durst, Stress und kennen sogar Ermüdung; sie kommunizieren mit anderen Pflanzen, etablieren symbiotische Gemeinschaften, vermehren sich, wechseln den Standort, verteidigen sich, senden Stresssignale aus oder ruhen sich, je nach Jahreszeit, auch manchmal aus. Pflanzen sind Lebensraum, Nahrung, Arznei, Reizstoff und manchmal auch todbringend. Ich spreche von der Physiologie von Pflanzen, von ihren Lebenszyklen, Stoffwechselprozessen, biochemischen Eigenschaften, ihrem Habitat und dem Ökosystem, in das sie eingebunden sind.

Was hat den Ausschlag gegeben?

Ein unsteter Alltagsrhythmus führt dazu, dass ich immer öfter nach Fertigprodukten gegriffen habe. Zeug, das man nur noch warm machen musste, während die frischen Produkte, die ich zum Kochen gekauft hatte, im Kühlschrank vor sich hin gammelten – die totale Verschwendung! Dann merkte ich, dass Lebensmittel im Kühlschrank an Geschmack und Aroma verloren. Die Idee, den Kühlschrank abzuschaffen, schien mir da einfach folgerichtig. Und die beste Alternative zur Kühlung kennen wir alle seit eh und je: Wässern. Ein Blumenstrauß in einer Vase mit Wasser war nun das Leitmotiv fürs Frischhalten von Kopfsalat und Chicorée. Dann kamen Lauch, Stangensellerie, Fenchel und kleine Zucchini hinzu … Später fing ich an, aus Knoblauch und Schalotten Sprossen zu ziehen, und freute mich an den langen Trieben, wenn ich gerade keine frischen Frühlingszwiebeln zur Hand hatte. Irgendwann lernte ich, auch Butter ohne Kühlschrank frisch zu halten: In einer Schale mit kaltem Wasser und einer Prise Salz, die ich im Winter (lichtgeschützt) auf die Fensterbank stellte, im Sommer in eine kühle Ecke. Und plötzlich fehlte mir der Kühlschrank überhaupt nicht mehr.

Welche Umstellungen bringt die Abschaffung eines Kühlschranks mit sich?

Unser Leben ist im Grunde einfacher geworden. Ich kaufe sehr zielgerichtet ein und achte auf die natürlichen Eigenschaften der Produkte. Die Zusammenstellung der Mahlzeiten ergibt sich daraus, was am schnellsten verbraucht werden muss; der Einkauf ist also eher auf kurze, höchstens mittelfristige Lagerung ausgerichtet. Was länger lagern muss, mache ich durch Fermentation bzw. Milchgärung haltbar. Die längste Haltbarkeit erzielt man natürlich nur durch das Entziehen von Wasser. Butter ist bei uns zum reinen Winterluxus geworden, das restliche Jahr über verwenden wir native, kalt gepresste Öle. Käse kommt gelegentlich auf den Tisch, dann aber am liebsten die reifen Sorten.

Eine Anekdote aus Deinem Leben ohne Kühlschrank?

Ein von mir schwer vernachlässigter Pak-Choi-Kohl trieb einmal heftig aus. Ich hatte das gar nicht bemerkt, bis mir plötzlich der Duft der kleinen gelben Blüten in die Nase stieg! Ich musste sofort davon probieren, und sie schmeckten absolut köstlich! Abends habe ich unsere selbst gemachten Veggie-Burger mit ihnen verziert. Ich weiß bis heute nicht, ob diese Blüten offiziell als essbar gelten, aber wir haben es alle überlebt, und ich kann sie nur empfehlen!

Butter in der Glocke

Wussten Sie, dass sich auch Butter ganz einfach ohne Kühlschrank aufbewahren lässt? In einer bretonischen Butterglocke, die aus zwei ineinandergefügten Teilen besteht, bleibt sie frisch und appetitlich. Die Idee stammt aus dem 18. Jahrhundert, das Wasser unterbindet das Oxidieren, weshalb die Butter nicht ranzig wird.

So geht's:

Streichen Sie die Butter in die als Deckel der Konstruktion funktionierende »Glocke« und drücken Sie die Masse fest an, damit keine Lufteinschlüsse entstehen. Die Butter darf nicht über die Glocke hinausragen, sondern muss mit dem Rand abschließen, sonst bleibt kein Platz fürs Wasser. Füllen Sie kaltes Wasser in den unteren Teil des Behälters – gerade so viel, dass die Glocke nach dem Einsetzen kopfunter vollständig eintaucht und nichts überschwappt. Der Wassermantel schützt effektiv vor Licht und Luft. Die Butter nach Bedarf portionsweise herausnehmen und das Wasser spätestens nach drei Tagen wechseln – in der heißen Jahreszeit täglich. Auch selbst gemachte Butter kann in der Glocke aufbewahrt werden, allerdings ist sie aufgrund der fehlenden Konservierungsstoffe weniger lang haltbar als Butter aus dem Laden. Gesalzene Butter hält sich grundsätzlich länger frisch im Kaltwasserbad als ungesalzene, aber auch deren Haltbarkeit verlängert sich, wenn man eine Prise Salz ins Wasser gibt.

Recycling

Wenn Sie keine Butterglocke besitzen, geben Sie die Butter einfach in eine Schale aus Steinzeug oder Ton, und füllen diese mit leicht gesalzenem kalten Wasser auf (wie gesagt: Salz verlängert die Haltbarkeit). Als Deckel kann eine Untertasse dienen, damit alles sauber bleibt. Bei dieser Variante muss das Wasser nach jedem Gebrauch gewechselt werden. Streichen Sie das Butterstück immer glatt, bevor Sie es erneut wässern.

Apropos …

Schon die alten Seefahrer bewahrten Butter in luftdicht versiegelten Gläsern mit Meerwasser auf. Darin hielt sie sich wochenlang frisch. Ghee, die berühmte geklärte Butter aus Indien, die aus der ayurvedischen Küche und Medizin nicht wegzudenken ist, hält sich sogar monatelang ungekühlt in kleinen Kupfer- oder Silbertöpfen.

Plus

+ Die Butter ist stets streichzart.
+ Sie behält ihre ideale Konsistenz und nimmt keinen »Kühlschrankgeschmack« an.
+ Die Glocke ist eine Zierde auf jedem Frühstückstisch.

Minus

– Im Großen und Ganzen muss man einfach das Wechseln des Wassers im Auge behalten.
– Die Butter bekommt einen intensiveren Geschmack.

Radis guck-in-die-Luft

Rot, knackig und manchmal leicht scharf – so lieben wir unser kleinstes Wurzelgemüse. Allerdings wird so ein Bund Radieschen ziemlich schnell welk. Deshalb kann dieser Frischhaltetipp hier wirklich nicht schaden …

So geht's:

Die Radieschen sollten fest sein und eine kräftige rote Farbe haben, vor allem das grüne Kraut muss frisch sein. Füllen Sie kaltes Wasser in ein hübsches Gefäß und stellen Sie den Bund mit dem Kraut nach unten hinein. Die Radieschen selbst dürfen nicht mit Wasser in Berührung kommen, sie werden über die Blätter mit Nährstoffen versorgt. Bei täglichem Wechseln des Wassers werden Sie staunen, wie lang sich die Radieschen halten – weit über eine Woche! Auch das Laub bleibt im Wasser länger frisch und kann zu einem leckeren Süppchen verarbeitet werden. Schwarzer Rettich kann übrigens im Gegensatz zu roten Sorten auch über den Winter gelagert werden, zum Beispiel in einer Kiste mit feuchtem Sand oder eingeschlagen in ein feuchtes Tuch, das aber immer wieder nachgefeuchtet werden muss, oder einfach in einer Holzkiste in einem kühlen Raum.

Recycling

Auch hier können die verschiedensten Gefäße als originelle Behälter dienen. In alten Vasen oder ausrangierten Tee- und Kaffeekannen aus Keramik oder Emaille bekommt der Radieschenstrauß eine individuelle Note. Auch Artischocken halten sich auf diese Weise länger frisch. Man stellt sie einfach wie Schnittblumen mit dem Stiel ins Wasser.

Ansonsten …

… kann man Radieschen auch in Essig einlegen. Entfernen Sie dazu Kraut und Stiele und halbieren Sie größere Köpfchen. Geben Sie alles mit ein paar Nelken, rosa und schwarzen Pfefferkörnern und einem Lorbeerblatt in ein Einmachglas, das sich luftdicht verschließen lässt. Erhitzen Sie dann so viel Essig, wie Sie zum Befüllen des Glases benötigen mit zwei Teelöffeln Salz, und gießen Sie den heißen Sud über die Radieschen. Dann das Glas verschließen und an einen kühlen, dunklen Ort stellen.

Plus

+ Das Kraut welkt nicht, und die Radieschen bleiben schön knackig.
+ Auch die Blätter sind lange verwendbar zur Zubereitung einer Suppe oder zum Aromatisieren von Schmorgemüse, allerdings sollten sie vor den Köpfchen verzehrt werden!

Minus

– Das Wasser muss unbedingt täglich erneuert werden, sonst wird es muffig, und die Blätter beginnen zu faulen.

PORTRÄT

Angèle – in Sprossen verschossen

Angèles tolle Rezepte aus ihrem Ernährungsratgeber hatte ich schon nachgekocht, bevor ich sie später persönlich in ihrem Salon de Thé in Paris kennenlernte. Die der Naturheilkunde verpflichtete junge Spitzenköchin bringt mit ihrer Küche einen wunderbar leichten, frischen Wind in die Gastroszene der Hauptstadt. Was kaum einer weiß: Angèle wuchs auf einem Bauernhof ohne Strom und Kühlschrank auf.

Angèle, wie war Deine Kindheit auf dem Bauernhof in einer Familie von Selbstversorgern?
Wenn ich zurückdenke, war es einfach wundervoll, schon deshalb, weil wir immer im Einklang mit den Jahreszeiten lebten. Ich half bei allem mit: Wenn wir Pilze in Öl einlegten, im Sommer Marmelade kochten oder Fleisch zum Trocknen an der Luft vorbereiteten, das so den berühmten Hautgout entwickelte. Frisches Obst und Gemüse schlugen wir in Zeitungspapier ein und lagerten es am kühlsten Ort im Haus, einem Raum mit dicken Wänden aus Stein.

Diese Kindheitserlebnisse haben Deine Ernährungsgewohnheiten sehr geprägt – was hast Du später noch entdeckt und gelernt?
Die Erfahrungen (die ich übrigens mindestens einmal im Jahr auffrische) lehrten mich vor allem, wie groß der Einfluss der Ernährung auf unsere Gesundheit ist. Ich habe eine naturheilkundliche Ausbildung gemacht, was dazu führte, dass ich auf Gluten, Fleisch- und Milchprodukte weitgehend verzichte. Um die Nähr- und Inhaltsstoffe von Lebensmitteln zu erhalten, ist die Garmethode ganz entscheidend. Ich bevorzuge immer die schonendsten Verfahren.

Du hast eine Zeit lang in Australien gelebt und bist viel in der Welt herumgekommen. Hast du andere interessante Verfahren der Konservierung von Deinen Reisen mitgebracht?
In Brasilien gibt es unendlich viele Methoden des Trocknens und Dörrens, aus wertvollen Rohstoffen wie Acerola, Açai-Beeren und Uruku (Annattostrauchbeeren) wird dort zum Beispiel Pulver gemacht. Aber ich finde auch das Aussprossen von Samen oder Milchgärung ziemlich spannend. Zu Hause bewahre ich übrigens meine Zwiebeln in einem alten Strumpf auf, nach alter Familientradition!

Viele Deiner Gerichte werden durch Sprossen veredelt …
Ja, denn nicht nur unsere Zellen, sondern auch unser Geist braucht Nahrung. Deshalb sollten wir so oft wie möglich Lebensmittel verzehren, die »vor Leben strotzen«! Industriell hergestellte Speisen und Fertigprodukte sind insofern »tot«, als sie uns kaum noch Nährstoffe liefern.

Wie zieht man Sprossen, um maximal von ihren Nährstoffen zu profitieren?
Das ist total einfach! Wer keinen Keimkasten hat, nimmt ein altes Marmeladenglas. Nachdem man die Samen (Alfalfa, Rettich, Lauch, Mungbohnen …) unter fließendem Wasser gereinigt hat, lässt man sie über Nacht in Wasser ausquellen; dann befestigt man mit einem Gummi ein Stück Gaze als »Siebdeckel« am Glasrand und dreht das Ganze um in eine leichte Schrägstellung, damit das Wasser abfließen kann. Zweimal am Tag das Glas erneut mit Wasser füllen, die Samen durchschwenken und dann auf eben beschriebene Weise das Wasser durch Schrägstellung wieder abfließen lassen.

Welche Erinnerungen hast Du an Deine Kindheit »ohne Kühlschrank«? Würdest Du auch heute auf den verzichten können?
Ich habe gute Erinnerungen daran, es war eigentlich ein großes Geschenk! Gerne würde ich wieder zu diesem Lebensstil zurückkehren. Denn viel zu oft öffnen wir einfach die Kühlschranktür und essen unbedacht das, was drin herumliegt. Rare und hochwertige Produkte führen zu einem vernünftigen Maßhalten, wodurch wir bewusster essen und konsumieren.

Trocknen und Dörren

Bei diesen Verfahren wird einem Lebensmittel das in ihm enthaltene Wasser ganz oder teilweise entzogen. Bereits seit unvordenklichen Zeiten werden so unterschiedliche Nahrungsmittel wie Obst, Gemüse, Fisch oder auch Fleisch meist in dünne Scheiben an Sonne und Luft getrocknet.

Kakis hissen – ahoi!

Kakis sind natürlich nicht nur in Frankreich sehr beliebt, aber dort verzehrt man sie in rauen Mengen. Vor allem in der Mittelmeerregion wird diese klassische Winterfrucht der Japaner, Koreaner und Chinesen gern gegessen – normalerweise frisch, aber es gibt auch eine köstliche getrocknete Variante. Es ist nie zu spät, etwas Neues auszuprobieren!

So geht's:

Für Ihr hübsches Kaki-Mobile brauchen Sie nur eine Rolle Garn und ein paar schöne, festfleischige Früchte. Das Garn wird am Stielansatz befestigt, und die Kakis werden in unterschiedlicher Länge so aufgehängt, dass sie sich nicht berühren können. Der Ort, an dem sie vor sich hin trocknen, sollte vor Feuchtigkeit geschützt sein; bei entsprechenden klimatischen Bedingungen kann man sie draußen aufhängen, zum Beispiel unterm Vordach oder auf der Veranda, doch dann müssen die Früchte sicher vor Morgentau sein. Im Haus an einem sonnigen Fenster oder über einem Heizkörper baumeln sie goldrichtig. Gönnen Sie Ihren Früchtchen hin und wieder eine sanfte Massage, bis sich der Fruchtzucker an der Schale absetzt. Nach vier bis acht Wochen ist die Trocknung abgeschlossen. Dann können sie in einem luftdicht verschließbaren Glas aufbewahrt oder sogleich genüsslich verzehrt werden.

Recycling

Ausgediente Gardinenstangen, alte Holzkleiderbügel, angeschwemmtes Treibholz, Birkenäste oder Bambusrohr eignen sich wunderbar als Träger des Mobiles. Lassen Sie Ihrer Kreativität freien Lauf bei der Konstruktion Ihres individuellen Modells, das garantiert für bewundernde Blicke bei Gästen und Freunden sorgen wird.

Apropos …

Dieses aus Japan stammende Trocknungsverfahren hatte dort jahrhundertelang einen hohen Stellenwert, weil getrocknete Kakifrüchte das einzige Süßungsmittel auf der Insel waren. In China werden die Kakis vor dem Trocknen flach gedrückt und hinterher pur genossen, während in Korea kleine getrocknete Kakistückchen traditionell im Tee oder in Essig fermentiert verwendet werden. Durch den Vorgang des Trocknens zeigen auch bittere Sorten ihre süße Seite.

Plus

+ Der nicht von allen geschätzte säuerliche Geschmack geht durch das Trocknen vollständig verloren.
+ Sie entdecken einen neuen, himmlischen, fein-süßen Geschmack!
+ Der Zauber, der einer Verwandlung stets innewohnt.
+ Das Trocknen macht die Frucht noch wertvoller: Sie entfaltet noch mehr Vitamine, mehr Ballaststoffe, mehr Polyphenole und Antioxidantien.

Minus

– Hängt das Mobile nicht hoch genug, stößt man sich den Kopf an.
– Damit alle neugierigen Freunde und Gäste probieren können, müssen Sie Unmengen an Früchten zum Trocknen aufhängen.
– Hängen die Früchte zu lang, zergehen sie nicht mehr auf der Zunge. Kauen wird dann zum Kraftakt.

Pilze in der Schwebe

Frisch gepflückte Pilze halten sich nicht lange – die kleinen empfindlichen höchstens zwei Tage, die robusteren vielleicht eine Woche. Da sie vorwiegend aus Wasser bestehen, setzen sie im Nu Schimmel an. Das Trocknen ist auch hier die einfachste Methode, um die Pilze haltbar zu machen, egal ob sie im Wald gepflückt (aber hoffentlich keine giftigen!) oder auf dem Markt gekauft wurden.

So geht's:

Reinigen Sie die Pilze zuerst mit einer weichen Bürste von Erde und Laub. Größere Sorten wie Steinpilze in 3 mm dicke Scheiben schneiden, kleinere Exemplare wie Pfifferlinge, Maronen und Herbsttrompeten ganz belassen. Fädeln Sie dann Ihre Ernte Stück um Stück mit einem Faden auf und knüpfen Sie nach jedem Pilz einen kleinen Knoten, damit sie nicht zusammenrutschen und sich berühren können. Hängen Sie die Pilzgirlande an einem trockenen, luftigen Ort auf, in der Nähe einer Wärmequelle (Sonne, Heizung, Ofen) oder, wenn's dort nicht feucht ist, unterm Dach auf dem Speicher. Je nach Sorte und Größe sind die Pilze bereits nach ein paar Stunden, spätestens nach wenigen Tagen trocken. Man kann sie auch im Umluftherd auf dem Gitterrost 3 – 4 Stunden bei geringer Hitze (max. 50°C) ausdörren, oder in einem speziellen Dörrautomaten. Wenn sich die Pilze beim Reiben zwischen zwei Fingern nicht mehr gummiartig anfühlen, sondern bröselig zerfallen, ist die Sache geritzt! Dann können Sie sie in ein zuvor sorgfältig gereinigtes, sterilisiertes, trockenes und luftdicht verschließbares Schraubglas füllen und an einem vor Licht und Feuchtigkeit geschützten Ort lagern.

Recycling

Horizontal, vertikal, diagonal, ganz egal: Die Girlande macht in jeder Lage etwas her. Als Faden am besten ungebleichtes, ungefärbtes Naturgarn aus Bio-Baumwolle verwenden.

Apropos …

Trocknen ist das wohl einfachste und älteste Konservierungsverfahren. Lebensmittel konnten so schon in der grauen Vorzeit auch Monate nach dem Jagen und Sammeln noch verwendet werden. In der Türkei wurde daraus ein pittoresker Brauch: Aprikosen, Tomaten und sogar Auberginen winden sich dort in kunstvoll drapierten Girlanden überall auf den Märkten.

Plus

+ Der herrliche Geschmack von getrockneten Pilzen.
+ Die Pilze passen zu allem – vom Reis bis zu Nudeln –, nachdem man sie kurz in Wasser eingeweicht hat.
+ Der dekorative Nebeneffekt der Girlanden während der Trockenzeit.

Minus

– Das penible Gefädel bei der Herstellung der Girlanden.

Tomaten, die in der Sonne schmurgeln

Die Freude ist jedes Mal groß, wenn die Tomatensaison anbricht und sie in voller Pracht auf den Märkten ausliegen oder in prallen Rispen im Garten hängen, um alsbald als leckere Soße auf dem Teller zu landen. Der Freude abträglich ist nur, dass sie so empfindlich sind. Was viele nicht wissen: Wenn unser Lieblingsgemüse schnell überreif und matschig wird, liegt das oft an der falschen Lagerung. Denn trotz anderslautenden Behauptungen sollten sie nie – wirklich nie! – in den Kühlschrank. Die Kälte beschädigt ihre Zellstruktur, und das Ergebnis ist: Sie werden weich und schmecken fad und mehlig.

So geht's:

Tomaten trocknen erfordert kein besonderes Geschick, wenn man die richtigen nimmt. Die Früchte müssen saftig sein, eine glatte Haut und ein festes Fruchtfleisch haben. Ist die Haut zu dünn, handelt es sich meistens um Gewächshaustomaten. Kaufen Sie lieber Feldtomaten von kleinen regionalen Erzeugern, die sind genau richtig! Um den vollen Geschmack zu erhalten, sollten die Tomaten erst kurz vor der Zubereitung unter etwas fließend Wasser gewaschen werden. Die Tomaten halbieren und die Hälften mit der aufgeschnittenen Seite nach oben auf ein Gitter legen. So können sie dann raus ins Freie gestellt werden (mit einer Abtropfwanne darunter) und sich drei Tage in der prallen Sonne aalen. Ist alles Wasser verdunstet, haben die Tomaten eine leicht ledrige Anmutung. Gut verschlossen und vor Feuchtigkeit geschützt, halten sie sich in einem Schraubglas bis zu einem Jahr.

Apropos …

In Burundi kam ein findiger Farmer, der jedes Jahr die Hälfte seiner Tomatenernte mangels Konservierungsmöglichkeiten einbüßte, auf die famose Idee, sie einfach in Holzasche zu legen. Dieser unglaubliche Erkenntnisblitz verlängert seitdem die Haltbarkeit der Früchte seiner Arbeit um glatte sechs Monate!

Und was noch?

Auch Zwetschgen, Erdbeeren, Trauben und viele andere Früchte entfalten durch das Sonnenbad noch mehr Eigengeschmack. Das Verfahren wird überall in der Welt angewandt: In Kambodscha aalen sich Bananen auf großen Matten in der Sonne, in Indien die Mangos … Wichtig ist nur, dass grundsätzlich Früchte und Gemüsesorten verwendet werden, die nicht vorwiegend aus Wasser bestehen und auch roh genießbar sind – ein dickes Njet also für Kartoffeln und Kürbisse, die sich zum Trocknen nicht eignen.

Plus

+ Man kann die Früchte des Sommers auch im Winter genießen.
+ Die sonnenverwöhnten Früchte behalten all ihre Vitamine und Mineralien.
+ Das Verfahren ist gratis dank der unerschöpflichen, kostenlos gelieferten Energie der Sonne, allerdings ist der Preis für Trockenfrüchte im Handel schwindelerregend hoch.

Minus

– Man findet nicht immer eine geeignete, luftdurchlässige Unterlage, auf der die Früchte trocken können. Am besten man bastelt sie selbst.
– Eine beständige Überwachung der Sonnenanbeter ist nötig, um Insekten und gar zu gefräßiges Flattertier zu vertreiben.

PORTRÄT

Die fabelhaften Trockenfrüchte der Amélie

Als unsere Kinder klein waren, lud ich Amélie eines Nachmittags ein, damit die Jungs zusammen spielen konnten. Damals betrieb sie noch einen Catering-Service. Auch Mode und Schmuck waren ihr Ding, und in bestimmten Kreisen war der von ihr betriebene Blog durchaus Kult. Als wir uns vier Jahre später wiedertrafen, hatte sie die Nase voll davon, »Trends hinterherzulaufen«, und völlig andere Prioritäten. Konsequent, wie sie ist, stellt sie nun in ihrem Haus im Departement Tarn veganen Käse her, den sie über Anzeigen in Bio-Magazinen vertreibt, sie unterrichtet ihren Sohn zu Hause und setzt radikal auf Energieautarkie … wenn das keine 180-Grad-Wende ist!

Was ist Deine schönste Kindheitserinnerung, Amélie?

Die Marmeladen-Nachmittage mit meiner Oma. Tags zuvor gingen wir in die Brombeeren und sammelten sie kübelweise ein. Ich habe das Bild meiner Großmutter vor mir, wie sie die gekochten Früchte händisch durch ein Sieb passiert. Es war herrlich, mit dem Finger durch die warme, süße Masse zu ziehen und davon zu schlecken. Das ist eins meiner schönsten Andenken!

Was hat Dich bewogen, Dein Leben in den letzten Jahren völlig umzukrempeln?

Die Geburt meines Sohnes César, damals begann sich alles zu verändern. Ich fing an, über Ernährung nachzudenken und auf Bioprodukte umzustellen. Dann wurde ich langsam zur Vegetarierin, und irgendwann wollte ich mich vegan ernähren. Schließlich fingen wir an, alles zu hinterfragen: unsere Konsumgewohnheiten, den Beruf, unsere Alltagsbedürfnisse, das Erziehungssystem …

Du lebst zum Teil in der Stadt (in Toulouse) und zum Teil hier auf dem Land in diesem abgeschiedenen kleinen Haus, das nicht einmal ans Stromnetz angeschlossen ist. Warum?

Wir suchten gezielt nach einem Haus ohne Elektrizität, um wieder bewusster zu leben. An diesem entlegenen Ort wird einem vieles klar – unter anderem, wie abhängig wir uns vom Strom gemacht haben. Wir drücken einfach nur noch Knöpfe und legen Schalter um, aber ich möchte, dass mein Sohn César den Komfort, in dem er hier in Frankreich aufwächst, bewusst zu schätzen lernt. Demnächst wollen wir unsere Wohnung in Toulouse aufgeben. Wir haben uns für einen autarken Lebensstil entschieden, und davon können wir nur profitieren!

In Eurem Haus gibt es keinen Kühlschrank. Wie machst Du Grundnahrungsmittel haltbar?

In unserer Wohnung in Toulouse steht seit Jahren ein Dörrautomat mit 9 Etagen. Ich trockne das meiste, dadurch bleiben alle Nährstoffe erhalten. Bananen eignen sich hervorragend, manchmal rette ich kiloweise unverkäufliche Reste aus der Tonne meines Bioladens. Natürlich kann ich das Gerät nicht mit aufs Land nehmen, denn es funktioniert mit Strom. Aber wie bei fast jedem Problem gibt es auch hier eine Lösung: Mein Schwiegervater Luc (selbst ein engagierter Tier- und Umweltschützer) hat uns neulich eine solarbetriebene Trockenanlage gebaut, damit wir weiterhin Obst und Gemüse auf schonende Weise mit allen Nährstoffen konservieren können. Das ist mein Beitrag zur Vermeidung von Abfall und Lebensmittelverschwendung, darauf bin ich stolz.

Welchen Früchten entziehst Du am liebsten das Wasser?

Eigentlich allen! Im Ernst, da gibt's für mich keine Schranken. Noch aus den Stielenden von Pilzen kann ich ein delikates Würzaroma zaubern, wenn ich sie getrocknet und zerbröselt unter eine leckere Gemüsebrühe mische.

Was ist Deine tollste Entdeckung?

Ganz eindeutig Fruchtleder! Wegen der überraschenden Konsistenz und dem intensiven Fruchtgeschmack. César und ich schneiden die Masse gern in Streifen, rollen sie zu Schnecken auf und wälzen sie dann in Rohrzucker. Eine tolle Leckerei auf völlig natürlicher Basis, perfekt für kleine und natürlich auch große Naschkatzen!

Eingraben/ Einschlagen/Umhüllen

Das Prinzip der Umhüllung basiert auf Isolation gegen den Kontakt mit Luft und Sauerstoff. Als Materialien dienen Schichten von Sand oder Stroh, aber auch Öl, Fett, Papier, Wachs, Kalk, Vlies usw. sind gebräuchlich. Leicht verderbliche Lebensmittel entwickeln dann Schimmel, wenn Luft an sie herankommt, deshalb brauchen sie eine schützende Hülle.

Ab in den Sandkasten, ihr Möhren!

Sie haben noch nie eine Sandburg in der Küche gebuddelt? Dabei kann Sand wahre Wunder bewirken! Vor allem wenn es ums Wurzelgemüse geht, denn Karotten und Konsorten entwickeln im Kühlschrank oft braune Stellen, verlieren an Knackigkeit und hinterlassen einen insgesamt eher unappetitlichen Eindruck.

So geht's:

Zuerst gilt es, eine Kiste oder ein anderes Behältnis aufzutreiben, das genug Platz bietet, um das frische Gemüse darin zu lagern. Dieses wird dann mit sauberem Sand (aus der Gärtnerei) befüllt. Reste von Erde an den aus dem eigenen Garten gezogenen oder im Biomarkt gekauften Möhren nicht entfernen, auch sie dienen als Schutzhülle während der Lagerung. Das Kraut wird jedoch weggeschnitten, denn es entzieht den Möhren Saft. Nun können die Möhren einzeln im Sand eingegraben werden. Sie müssen vollständig bedeckt sein, damit kein Lufthauch sie anweht.

Recycling

Alte Kisten, Blumenkästen, nicht genutzte Schränkchen, ausgediente große Töpfe, Schubladen – all das kann als Behältnis dienen und nach Belieben individuell gestaltet werden.

Und was noch?

Auch Pastinaken, Kartoffeln, Zwiebeln, Steckrüben, Spargel, Sellerieknollen, Topinambur, Schwarzwurzeln, Rote Bete, Rettiche, Maronen, Nüsse, Zitronen und sogar Äpfel können auf diese Weise verbuddelt werden. Knoblauchknollen vergräbt man in einem mit Sand gefüllten großen Weckglas, das dann gut verschlossen wird. Weintrauben halten sich übrigens unter einer dicken Schicht Sägemehl länger frisch.

Apropos …

Durch dieses Verfahren wird die Lufzufuhr unterbunden und das Gemüse bleibt frisch und aromatisch. Manche basteln sich eine Erdmiete aus der Trommel einer ausgedienten Waschmaschine, die in ungefähr 20 cm Tiefe in der Erde vergraben wird. Wenn Sie einen großen Garten besitzen und sich gerne mit Spaten und Schaufel nützlich machen, ist der verscharrte Gemüsekeller bestimmt auch etwas für Sie!

Ansonsten …

… können Sie Ihre Möhren auch in ein feuchtes Tuch einschlagen oder sie reiben und milchsauer vergären.

Plus

+ Die Möhren bleiben in der ihnen vertrauten Umgebung knackig und machen nicht schlapp.
+ Vor der Zubereitung einer Gemüsesuppe müssen Sie erst einmal auf Schatzsuche gehen – ein Riesenspaß für Groß und Klein!

Minus

– Den lieben Kleinen ist nur schwer zu erklären, dass sie keine Sandkuchen auf der Arbeitsfläche backen dürfen.
– Die Assoziation mit Schmutz, die Sandreste bei den Gästen oder Schwiegereltern auslösen könnten.

PORTRÄT

Nukazuke à la Yoko

Ich hatte einmal einen Kurs belegt, um eine alte japanische Technik namens furoshiki zu erlernen, die Kunst, quadratische Tücher als Transport- und Verpackungsmittel von Waren einzusetzen. Dieser Kurs wurde von Yoko geleitet, die ich später auf diversen Vernissagen wiedertraf. Irgendwann unterhielten wir uns dann auch über die Techniken des Konservierens in ihrer Heimat Japan.

Yoko, Du bereitest *nukazuke* selbst zu – was genau ist das?

Es bezeichnet ein Verfahren des Fermentierens von Gemüse auf der Grundlage von Reiskleie und Essig. Die Methode geht auf die Edo-Zeit im 17. Jahrhundert zurück. Fermentierte Nahrungsmittel enthalten viel Vitamin B, sie werden in Japan ständig und überall angeboten. *Tsukemono,* wie Eingelegtes auf Japanisch heißt, fehlt mir in Frankreich (tatsächlich gibt es kaum Vergleichbares), deshalb stelle ich es selbst her.

Und wie genau macht man *nukazuke*?

Die Grundlage ist *nukadoko,* »nuka« ist das japanische Wort für Reiskleie, »doko« kommt von Bett. Es geht also darum, eine einfache Maische aus Reiskleie, Salz und Wasser herzustellen. In den ersten Tagen mengt man klein geschnittene Gemüsestückchen darunter, um den Gärungsprozess in Gang zu setzen. Wenn sich nach etwa einer Woche genug Hefepilze gebildet haben, nimmt man die anfangs zugesetzten Gemüsestückchen wieder heraus und ersetzt sie durch Scheiben von frischen Gurken, Rüben, Rettichen … Das Ganze muss dann ein- bis zweimal am Tag gewendet werden, denn Hefe benötigt viel Sauerstoff. Nach ein paar Tagen ist das Gemüse fertig zum Verzehr. Falls man keine Reiskleie bekommt, kann man sie durch Haferkleie ersetzen.

Und was ist *umeboshi*?

Das sind getrocknete *(boshi)* Pflaumen *(ume),* die zusammen mit Shiso-Blättern (bzw. Perilla) mindestens sechs Monate lang in Milchsäure vergoren wurden. *Umeboshi* bekommt man in Japan an jeder Ecke, auch in der Essigvariante. Sie wirken säurebindend (weil sie viel Kalzium, Magnesium und Kalium enthalten) und entwässernd. Aber das ist noch nicht alles: Man sagt ihnen auch antiseptische und antibiotische Wirkungen nach, deshalb sind sie in Japan so beliebt! *Umeboshi* werden sogar in Makis und Onigiris hineingewickelt; das verleiht ihnen eine leichte, feine Säure, vor allem aber macht es sie länger haltbar!

Und wie bei *nukazuke* hast Du auch für *umeboshi* eine europäische Spielart dieser traditionellen Rezeptur ersonnen?

Das stimmt! Da ich hier kaum japanische Pflaumen bekomme, mache ich mir im Herbst eben »*mirabelloboshi*«, denn in unserem Garten wächst ein alter Mirabellenbaum, der üppig Früchte abwirft. Die schichte ich abwechselnd mit einer Lage Salz in Weckgläser und lasse sie mindestens zwei Wochen lang in einem dunklen Schrank gären. Dann nehme ich die Mirabellen aus den Gläsern und lasse sie ein oder zwei Wochen an Luft und Sonne trocknen. Die getrockneten Mirabellen fülle ich dann zusammen mit etwas Rote-Bete-Saft erneut in Gläser und lasse auch diesen Sud an der Sonne eintrocknen. Die Fuchsia-Färbung der Früchte wird in Japan durch Shiso-Blätter erzeugt, doch die wachsen leider nur spärlich in meinem Garten, deshalb nehme ich ersatzweise den Saft von Rote Bete. Ganz zum Schluss wird alles in einer Essig-Salz-Lake konserviert.

Warum machst Du Dir die Mühe, Jahr für Jahr »*mirabelloboshis*« einzulegen?

Es verbindet mich eben mit meiner Heimat. Auf dieses ganz besondere Geschmackserlebnis zwischen salzig und leicht säuerlich will ich nicht verzichten. Außerdem sind die eingelegten Früchte extrem gesund, und ihr apartes Aroma veredelt viele Soßen und Gerichte.

Kürbis im Barrique gereift

Die meisten Gemüsesorten lagern gut an einem kühlen, dunklen Ort. Nicht so jedoch der Kürbis. Im Gegenteil, er braucht Wärme. Deshalb sollten Kürbisgewächse nicht einmal in angeschnittenem Zustand in den Kühlschrank wandern. Trotz ihrer robusten Anmutung und festen Schale muss man sie mit viel Feingefühl behandeln, damit sie keinen Schaden nehmen. Die Früchte sollten makellos sein, die Schale darf keine Verletzungen aufweisen, und man muss aufpassen, dass man sie nicht fallen lässt, denn schon der kleinste Riss, in dem sich Erdreste festsetzen können, wäre ein Einfallstor für Fäulnisbakterien und Schimmelpilze.

So geht's:

Ernten oder kaufen Sie Kürbisse immer mit Stiel. Wird er abgetrennt, entsteht eine Wundstelle, die die Haltbarkeit einschränkt. Reinigen Sie die Schale sorgfältig von Erdkrümeln und eventuellen Schädlingen mit etwas klarem Wasser und einer weichen Bürste, um auch in die Ritzen zu gelangen. Danach den Kürbis mit einem Tuch gut abreiben, denn zum Lagern muss er absolut trocken sein. Ideal wäre, ihn einige Tage in der Herbstsonne im Freien trocknen zu lassen. Die frische Luft sorgt dafür, dass bereits etwas Wasser aus den Kürbisfrüchten verdunstet, was sie nicht nur länger konserviert, sondern ihnen auch einen intensiveren Geschmack verleiht. Der spätere Lagerort muss sauber, luftig und absolut frostfrei sein; ein luftdurchlässiges Holzgestell, Lattenkisten, Gitterroste, aber auch Obststiegen sind als Ablage geeignet. Man kann Kürbisse auch auf dem Fußboden lagern, wenn er glatt und eben ist und mit Stroh oder Wellpappe als Isoliermaterial untergelegt wird. In der Küche, in der Garage oder im Heizungsraum neben dem Kessel fühlt sich ein Kürbis wohl. Sofern Sie mehrere Kürbisse einlagern wollen, sollten Sie darauf achten, dass sie nicht aufeinandergestapelt liegen. Ein altes Fass als Vorratslager umzufunktionieren ist ideal, wenn man beachtet, dass die Umgebungstemperatur nie unter null Grad sinkt. Machen Sie am besten gleich ein ganz großes Fass auf – z.B. ein ausgedientes Weinfass oder eine alte Abfalltonne mit mindestens 75 Liter Fassungsvermögen. Als Erstes wird trockener Sand als Bodenschicht ausgestreut, darauf werden die Kürbisse gesetzt, die dann auch mit Sand bestreut werden, bis sie vollständig bedeckt sind. Kürbisse neigen dazu, zu »schwitzen«, und der Sand, der sie umhüllt, schützt sie vor Feuchtigkeit.

Apropos …

Früher wurden Kürbisse auch auf Kleiderschränken oder im Stall in einem kuschligen Bett aus Stroh gelagert, um sie vor Frost zu schützen.

Und was noch?

Auch Äpfel und Kartoffeln können auf diese Weise gelagert werden.

Plus

+ Kürbisse sind im Haus wie im Freien auch in dekorativer Hinsicht eine echte Wucht.
+ Sie sind sehr beständig gegen den Zahn der Zeit, wenn man sie, ganz belassen, bei Raumtemperatur lagert.

Minus

– Einmal angeschnitten, muss ein Kürbis rasch aufgebraucht werden.
– Sie brauchen dann sehr viele verschiedene Rezepte, damit Ihnen die Lust nicht vergeht.

Wüstenkühlschrank

Ein Wüstenkühlschrank funktioniert nach einem simplen Prinzip: Man stellt zwei Tontöpfe ineinander und füllt Sand in den Zwischenraum, der dann nur feucht gehalten werden muss. Das verdunstende Wasser hat kühlende Wirkung auf das Innere des Topfs. Studien belegen, dass dieses Verfahren hocheffizient ist, denn darin gelagerte Lebensmittel halten sich bis zu zehnmal länger als ungekühlte. Nehmen wir zum Beispiel eine Tomate: Nach der Ernte hält sie sich an der frischen Luft etwa drei Tage. In einem Wüstenkühlschrank jedoch bleibt sie bis zu drei Wochen lang frisch! Die Methode hat sich in heißen, trockenen Klimazonen als äußerst wirksam erwiesen.

So geht's:

Wer sich einen Wüstenkühlschrank selbst basteln will, braucht dafür nur zwei unterschiedlich große Ton- oder Lehmtöpfe ohne Glasur (wegen der Luftdurchlässigkeit) und etwas Sand. Der große Topf sollte ungefähr 40 cm Durchmesser und Höhe haben, der kleinere 25 cm. Haben die Töpfe am Boden ein Loch, dichten Sie es mit einem Stück Korken ab. Bevor der kleinere Topf in den größeren gesetzt wird, muss etwa 5 cm Sand am Boden des größeren ausgestreut werden, bzw. so viel, wie es braucht, damit beide Töpfe am oberen Rand auf gleicher Höhe abschließen. Dann nur noch den Zwischenraum händisch oder mit einer kleinen Schaufel mit Sand auffüllen bis 2 cm unter den oberen Rand. Das ist deshalb wichtig, damit Wasser, das später nachgegossen wird, nicht ins Innere des Topfs mit dem Kühlgut gelangt. Ein Abstand von 2 cm zum Oberrand verhindert das Überlaufen. Bevor Sie nun behutsam Wasser in den mit Sand gefüllten Zwischenraum gießen (etwa ein Dreiviertelliter), wischen Sie den kleineren Topf im Innern sauber. Nach kurzer Zeit schon tritt die Kühlwirkung ein, dann können Obst und Gemüse hinein. Das Ganze muss nur mit einem feuchten Tuch abgedeckt werden und sollte an einem luftigen, trockenen Ort stehen.

Recycling

Schauen Sie im Schuppen Ihres Gartens (wenn Sie einen besitzen), ob dort noch alte Blumentöpfe herumstehen … Ansonsten lohnt sicher ein Gang auf den Speicher, zum Gebrauchtwarenladen oder Trödler, dort finden sich garantiert zwei Töpfe für Ihre neue Kühlvorrichtung.

Apropos …

Die Topf-im-Topf-Kühlung wurde ursprünglich entwickelt, um in afrikanischen Ländern Ressourcen zu sparen. Die Lebensbedingungen dort sind prekär, und Nahrung ist ein knappes Gut. Der Wüstenkühlschrank oder Zeer-Topf, wie er auch heißt, ist eine höchst umweltfreundliche Methode zur Aufbewahrung von Obst und Gemüse. Er wurde von dem nigerianischen Hochschullehrer Mohammed Bah Abba erfunden und erstmalig im Sudan zur Unterstützung Not leidender Familien eingesetzt.

Plus

+ Die Anwendung ist einfach und das Prinzip leicht verständlich.
+ Gesundheitsplus: Im Zeer bleiben sämtliche Vitamine und Nährstoffe der Lebensmittel erhalten.

Minus

– Regelmäßiges Wassernachfüllen ist unumgänglich.
– Die Optik des alternativen Kühlschranks ist eher rustikal.

Brot – das Ding ist im Sack!

Auch Brot gehört zu den Lebensmitteln, die irrtümlicherweise oft im Kühlschrank aufbewahrt werden. Das hat Folgen: Durch die niedrigen Temperaturen verliert Brot jeden Geschmack und wird schnell altbacken. Bei 7°C wird es im Durchschnitt in nur einem Tag hart, bei 20°C dauert es immerhin fast sechs Tage!

So geht's:

Die Haltbarkeit ist nicht bei allen Brotsorten gleich. Roggenbrot, Vollkornbrot und Toastbrot halten sich länger als Weißbrot oder helles Bauernbrot, runde Brotlaibe länger als Stangenbrot, weil der Durchmesser dabei eine Rolle spielt. Auch geschnittenes Brot wird schneller altbacken, als man gucken kann, deshalb sollte Brot immer als ganzer Laib aufbewahrt und erst kurz vor dem Verzehr angeschnitten werden! Toastbrot nimmt Gerüche und Feuchtigkeit aus der Umgebung auf, lassen Sie es also nicht offen herumliegen. Nach dem Kauf wickelt man den Brotlaib am besten in ein sauberes Küchentuch oder verpackt ihn in einen hübschen Leinensack. Den können Sie auch gleich mit zum Bäcker nehmen, damit Verpackungsmüll gar nicht erst anfällt. Tuch oder Sack dürfen nicht feucht werden, sonst verliert das Brot an Knusprigkeit; beim regelmäßigen Waschen des Beutels oder Tuchs darauf achten, dass kein Weichspüler benutzt wird, sonst nimmt das Brot die synthetischen Duftstoffe an!

Recycling

Klappern Sie ruhig Trödelläden und Flohmärkte ab nach alten hübschen Laken, Servietten oder Tischdecken, die sich im Nu zu einem Brotsack nähen lassen, auch in unterschiedlichen Größen. Ein etwas ungewöhnlicher Tipp, wenn Sie das Brot im Brotkasten oder einem geschlossenen Behältnis aufbewahren: Legen Sie einen Apfel dazu! Der sorgt dafür, dass das Brot nicht austrocknet und die Kruste knusprig bleibt, ohne hart zu werden. Einmal in der Woche sollte der Apfel ausgewechselt werden. Was Großmutter noch wusste: Ein Stück Würfelzucker oder eine Kartoffel erfüllen denselben Zweck! Der Trick ist so alt wie die Welt und funktioniert auch bei Kuchen und Feingebäck. Auf diese Weise bleibt Brot gut eine Woche lang frisch!

Ansonsten ...

Das Verfahren erinnert an frühere Zeiten, in denen es noch keine Brotkästen (aus Fichte oder Kunstharz, um Keimbefall vorzubeugen) und keine im Küchenschrank eingebauten Brotfächer gab, sondern Brot zur Aufbewahrung in ein Tuch geknotet und erst kurz vor dem Verzehr ausgepackt wurde. Die Methode ist heute noch in Asien weitverbreitet, einem Kontinent, der das Einwickeln zur Kunstform erhoben hat (siehe die Falttechniken *furoshiki* in Japan oder *bogaji* in Korea). Haben Sie ein Stück hart gewordenes Brot übrig? Dann legen Sie es zum Gemüse, es verlängert dessen Haltbarkeit – die Sorte spielt dabei keine Rolle.

Plus

+ Brot bleibt in Tuch gehüllt länger knusprig und frisch.
+ Sie können das Brottuch auf Ihre Stoffservietten, die Tischdecke oder auch auf Ihre Vorhänge abstimmen, als dekoratives Ensemble.

Minus

– Das Tuch muss mindestens einmal in der Woche gewaschen werden.

Pfirsiche im Seidenkleid

Für gelbe Pfirsiche, weißfleischige Pfirsiche, Weinbergpfirsiche, Nektarinen, Aprikosen gilt: Vade retro, du Kühle! Denn Kälte schlägt diesen Sommerfrüchten aufs Aroma und lässt ihr Fleisch mehlig werden. Abgesehen davon sind die Früchte aufgrund ihres hohen Wassergehalts leicht verderblich. Sie sollten gleich nach der Ernte oder dem Kauf verzehrt werden.

So geht's:

Pflücken Sie am besten noch etwas harte, feste Exemplare vom Baum (oder Marktstand), denn sie reifen bei Zimmertemperatur nach. Schauen Sie genau hin, wie sie feilgeboten werden: Liegen die Früchte säuberlich voneinander getrennt in Kisten, oder wurden sie aufeinandergeschichtet zu großen Haufen und Pyramiden? In letzterem Fall besteht die Gefahr, dass sie sehr schnell verderben. Also Finger weg – es sei denn, Sie wollten ohnehin nur ein paar Gläser Kompott »nach Hausfrauenart« einkochen. Achten Sie darauf, dass die Früchte makellos sind und keine braunen Flecken oder aufgeplatzte Stellen aufweisen. Ihre flaumige, samtige Haut ist sehr zart, delikat und empfindlich. Für eine optimale Lagerung empfiehlt es sich deshalb, die Sommerfrüchte in ein edles Seidentuch einzuschlagen. Der feine Stoff steht nicht nur im Ruf, erstaunlich reißfest und dehnbar zu sein, er besitzt tatsächlich konservierende Eigenschaften. Hüllen Sie also Ihre Früchtchen in Seide wie ein kostbares Geschenk.

Recycling

Seidentücher oder -schals gibt es in Secondhandläden, Kleiderkammern oder auf Großmutters Speicher. Alternativ macht sich auch eine hübsche alte Obstschale (mit Standfuß, wie sie Butler einst reichten) aus dem Trödelladen gut. An einem kühlen Ort halten sich die Früchte im Schal oder in der Schale länger frisch.

Apropos …

Wussten Sie, dass Schlafanzüge und Bettwäsche aus Seide die Hautalterung verlangsamen? Forscher der Tufts University in Massachusetts haben jüngst sogar eine raffinierte Lotion auf der Basis von Seidenfibroin entwickelt. Erdbeeren, die in Seide gehüllt eine Woche lang aufbewahrt wurden, waren danach noch so fest und saftig wie zu Beginn des Experiments. Das Seidenkleid ließ offenbar viel weniger Sauerstoff an die roten Früchtchen dringen.

Ansonsten …

… können Sie Pfirsiche auch in Zucker und Wasser konservieren, da sie beides von Natur aus in großen Mengen enthalten. Einfach einen Sud aus 250 g Zucker auf einen Liter Wasser zubereiten und die Mischung noch kochend über die in große Einmachgläser geschichteten Pfirsiche gießen. Lassen Sie 2 cm Rand bis zum Deckel, aber achten Sie darauf, dass alle Früchte vollständig bedeckt sind. Dann luftdicht verschließen und in einem großen Topf etwa 30 Minuten bei 100°C sterilisieren.

Plus

+ Die verblüffende konservierende Wirkung des Stoffs.
+ Die edle Anmutung von Seide.

Minus

– Das Material ist nicht gerade billig.

Clementinen? Knallbonbons!

Viele denken, Clementinen und Apfelsinen gehören in den Kühlschrank, damit sie frisch bleiben. Das ist ein Irrtum! Zitrusfrüchte sollten stets bei Zimmertemperatur gelagert werden, sonst schmecken sie schnell fad.

So geht's:

Zitrusfrüchte werden zur Lagerung am besten einzeln in dünnes Papier, wenn möglich Seidenpapier, eingeschlagen. Seidenpapier ist auch heute noch in Geschäften für Bastelbedarf erhältlich! Wachspapier, wie es auch manchmal heißt, wird sogar noch von manchen Erzeugern für den Obstversand verwendet. Allerdings, das sei hier nicht verschwiegen, ist dieses Einwickeln arbeitsaufwendig und kostspielig, weshalb es immer seltener Anwendung findet. Stattdessen werden die Früchte meist chemisch behandelt und gespritzt, und dann kommen sie auch noch in den Kühltransporter! Die seidigen Fasern des hauchdünnen, zarten Papiers wirken hingegen wie eine zweite natürliche Haut, die die Früchte (oder das Gemüse) auch vor Licht schützt, weshalb sie weniger schnell verderben. Zudem neutralisiert der Mantel aus Papier Gerüche und verhindert, dass sich die Früchte berühren (denn Kontakt beinhaltet immer die Gefahr einer Ansteckung mit Fäulnis). Seidenpapier dichtet darüber hinaus gegen Fett und Feuchtigkeit ab und wird deshalb auch zur Lagerung von Saatgut verwendet. Zitrusfrüchte werden zur Konservierung in ein oder zwei Papierlagen gewickelt, die man dann zuzwirbelt.

Recycling

Wenn Sie auf dem Markt oder im Laden Früchte im Seidenpapier erstehen, bewahren Sie das Papier auf und verwenden Sie es zu Hause weiter! Die zarte Umhüllung sollte ihrerseits wie eine kleine Kostbarkeit mit viel Fingerspitzengefühl behandelt werden. Das Ritual des Einhüllens verleiht nicht nur der Frucht, sondern auch dem Papier selbst einen Mehrwert; es ist das alte Spiel von Verhüllen und Enthüllen, Durchscheinen und Verbergen.

Apropos …

Zwischen 1900 und 1910 diente das »Orangenpapier« vor allem dazu, die Früchte während des langen Transports zu schützen. Mit der Entwicklung verbesserter Haltbarkeitsverfahren mutierte das Papier dann zum Werbeträger mit bunten Motiven, die die Ware von jener der Konkurrenz abheben sollten. Mit der Zeit wurde Orangenpapier zum begehrten Sammelobjekt, und dieses Hobby erhielt den ausgefallenen Namen *Legufrulabelophilie!*

Plus

+ Ein spielerischer Zeitvertreib auch für die Kleinen, die die Verpackung selbst zwirbeln können.
+ Zitrusfrüchte erhalten wieder mehr Wertschätzung als feine Delikatesse.
+ Der betörende Duft beim Enthüllen.

Minus

– Der zeitliche Aufwand, den das Einhüllen erfordert.

Birnen mit Wachstüpfeln

Birnen sind deutlich empfindlicher als ihre saisonalen Verwandten, die Äpfel. Jeder noch so kleine Stoß erschüttert sie bis ins Mark – vor allem die saftigen Sorten –, weshalb sie mit Sorgfalt gelagert werden müssen. Ein brauner Fleck, und sie fangen an zu gammeln – es sei denn, man versiegelt ihren Stiel! Das begrenzt den Verlust bzw. die Verdunstung des in ihnen enthaltenen Wassers.

So geht's:

Wachs wird von Bienen zwischen ihrem zwölften und neunzehnten Lebenstag produziert, um die Zellen der Bienenwaben zu formen und den Honig darin zu konservieren. Das von den fleißigen Bienen hergestellte Produkt bekommt, sobald die Wabe voll ist, einen Deckel aus feinstem Wachs. Für 10 – 11 kg Honig müssen Bienen etwa 1 kg Wachs produzieren. Die Tüpfel Ihrer Birnen brauchen aber nur eine Handvoll Bienenwachsflocken. Diese werden in einem kleinen Topf ausgeschmolzen und die Birnenstiele dann der Reihe nach kurz hineingetaucht. Die Wachshäubchen trocknen an der Luft, und die betüpfelten Birnen sollten in einer alten Obststiege an einem kühlen Ort aufbewahrt werden. Das Nachreifen wird so um mehrere Monate hinausgezögert, vorausgesetzt man versiegelt die Birnen direkt nach der Ernte bzw. nach dem Kauf mit Wachs.

Recycling

Natürliches Bienenwachs ist kein Wegwerfprodukt. Sammeln Sie also die Wachsreste, um später daraus selbst Kerzen zu ziehen. Die Haltbarkeit von Birnen lässt sich auch verlängern, wenn man sie in braune Papiertüten legt.

Apropos …

Natürliches Bienenwachs ist etwas völlig anderes als industriell hergestelltes Wachs, das voller Schadstoffe ist, obwohl viele Äpfel in den großen Lebensmittelketten und Discountern damit behandelt werden, um ihnen Glanz und Haltbarkeit zu verleihen. Man muss sich einmal vor Augen führen, wie viele Früchte von einem chemischen Wachsmantel umgeben sind: Ananas, Avocados, Kirschen, Limetten, Litschis, Melonen, Nektarinen, Apfelsinen, Pampelmusen, Pfirsiche, Auberginen, Kürbisse, Kartoffeln, Paprika, Tomaten – um nur die gängigsten zu nennen. Bei manchen Hartkäsesorten erhöht eine chemische Wachsschicht die Haltbarkeit auf bis zu zehn Jahre! Dafür taucht man den jungen Käse in eine zuvor erwärmte Wachsmasse, die ihn dann wie ein Mantel umhüllt. Das bekannteste Beispiel hierfür ist der Babybel®, den es überall zu kaufen gibt – die Miniversion eines Käselaibs aus holländischer Produktion. Ich hoffe inständig, dass meine geneigten Leser und Leserinnen den ursprünglichen Geschmack eines Pyrenäenkäses höher schätzen und dem den Vorzug geben würden!

Plus

+ Die elegante Handbewegung beim Eintauchen der Stiele.
+ Der hübsche Anblick der versiegelten Früchte, wenn sie in Reih und Glied auf einem Regalbrett stehen.
+ Das Vergnügen, das schon die Allerkleinsten an dem Vorgang haben.

Minus

– Die Reinigung des Topfs, in dem das Bienenwachs geschmolzen wurde. Er muss erneut erhitzt und dann mit einem Küchentuch ausgewischt werden, um die fetthaltigen Reste des Wachses aufzunehmen, damit sie nicht aushärten.
– Natürliches Bienenwachs ist nicht billig und sollte am besten direkt vom Imker bezogen werden.

Gut verpackte Reste

Um Übriggebliebenes und Angebrochenes abzudecken oder belegte Brote einzupacken, werden oft Plastik- oder Aluminiumfolien verwendet. Aber wissen Sie, wie einfach es ist, eine natürliche Folie aus Bienenwachs, »bee wrap« genannt, selbst herzustellen? Die Grundidee ist, ein dünnes Stofftuch auf einer Seite mit Bienenwachs zu überziehen, um es als wiederverwendbare Lebensmittelfolie einzusetzen. Dafür kommen alte Laken und Küchentücher, aber auch jedes andere dünne Tuch aus umweltfreundlichen Stoffen wie Hanf, Leinen oder Baumwolle infrage.

So geht's:

Zwei Lagen (nicht zu dicken) Stoffs auf eine Größe Ihrer Wahl zuschneiden (mit einer gezackten Stoffschere sieht es besonders hübsch aus), waschen und trocknen lassen. Dann beide Teile übereinander auf einem Backblech auslegen, das untere Stoffteil ist nur dazu da, kein Wachs aufs Blech durchsickern zu lassen. Auf das obere Tuch Wachsflocken in großzügigem Abstand verteilen, das Wachs läuft beim Schmelzen ohnehin zusammen. Das Ganze dann 5 – 10 Minuten bei 85°C in die Backröhre schieben und das Geschehen im Auge behalten, um es im richtigen Moment herauszuholen. Das nunmehr mit Wachs beschichtete obere Tuch ein paar Minuten an der Luft trocknen und aushärten lassen. Ihre neue Wachsfolie wird mit kaltem Wasser und ein bisschen Spülmittel gereinigt, das Trocknen übernimmt die frische Luft. In der Waschmaschine gehen die Wachstücher kaputt! Die wiederverwendbare Folie aus Bienenwachs eignet sich hervorragend zum Abdecken und Verpacken von Lebensmittelresten, Käse, belegten Broten, Gemüse- und Obststücken, Butter und Pausensnacks. Das Wachstuch vor Gebrauch kurz mit den Händen anwärmen, dann lässt es sich besser über die Ränder von Behältern stülpen und der jeweiligen Form anpassen.

Apropos …

Wussten Sie, dass Bienenwachs schon von den alten Ägyptern auf unterschiedlichste Weise verwendet wurde? Zum Beispiel zum Einbalsamieren von verstorbenen Herrschern, als Klebstoff oder zur Abdichtung von Tongefäßen.

Ansonsten …

Wer keine Zeit hat, ein Wachstuch selbst zu machen, aber Nahrungsmittel trotzdem auf nachhaltige Weise abdecken oder verpacken möchte, kann solche plastikfreien Folien übers Internet (etwa bei Abeego oder Beeswax) beziehen. Einziger Wermutstropfen dabei: Der ökologische Fußabdruck ist riesig, denn die Firmen sitzen auf der anderen Seite des Atlantiks in Kanada.

Plus

+ Die Wachsfolien sind praktisch und vielseitig verwendbar, beim Picknick und fürs Pausenbrot.
+ Bei der Herstellung der Folie kann die ganze Familie mithelfen.
+ Die Wachsschicht hält Reste und Proviant zuverlässig frisch.

Minus

– Sinnvoll sind nur hochwertige Naturstoffe wie Leinen, Hanf oder Bio-Baumwolle.
– Es erfordert etwas Mut, sich da ranzutrauen.

PORTRÄT

Charles' Folien aus Bienenwachs

Ich lernte Charles während der Recherchen zu einem Artikel über den Beruf des Wachsziehers kennen. Wir verstanden uns auf Anhieb und sind seitdem in Kontakt geblieben. Kaum einer kennt sich besser aus mit diesem wundervollen Naturprodukt Bienenwachs als er.

Wie bist Du auf die Idee gekommen, Kerzen und Seifen aus reinem Bienenwachs herzustellen, Charles?
Ich war auf der Suche nach Kerzen aus Bienenwachs für ein Geschenk und landete schließlich bei einem Imker. Und dann habe ich mich auf der Stelle in das Material, in den Geruch und überhaupt in den ganzen Bienenkosmos verliebt, der mir bis dahin völlig fremd war. Gleich am nächsten Tag habe ich mehrere Kilo Wachs nachbestellt und fing an, in der Küche Kerzen zu ziehen. Irgendwann, nach viel Herumprobieren, entwickelte sich daraus meine eigene Kerzenmarke, *Apis Cera*.

Wie kommt der Imker ans Bienenwachs?
Für ein Kilo reines Bienenwachs müssen 150 000 fleißige Bienen 10 kg Honig und 1 kg Pollen futtern. Es ist ein rares Naturgut und deshalb auch etwas teurer. Für meine Kerzen verwende ich das Deckelwachs aus den Waben, es ist am reinsten, besonders hochwertig und duftet ganz intensiv. Das Deckelwachs versiegelt die Honigwaben im Stock. Es muss mehrfach im Wasserdampf gefiltert werden, um keine Rückstände zu enthalten. Erst dann ist das Wachs zum Schmelzen geeignet.

Bienenwachs besitzt unglaublich viele tolle Eigenschaften …
Ein Bienenstock ist schon ein kostbares Gut, aber das darin produzierte Wachs ist noch viel wertvoller! Es ist nicht nur ein hervorragender Brennstoff für Kerzen, sondern besitzt noch viele weitere Trümpfe: Es konserviert, dichtet ab, ist als natürlicher Zusatzstoff für Lebensmittel unverzichtbar (E901), es dient als Schutzmantel, als Politur, als Verdickungsmittel in Kosmetikprodukten und wird auch in der Textilindustrie eingesetzt, etwa beim Batiken.

Seit Urzeiten setzt der Mensch Wachs für seine Zwecke ein – sind manche Verwendungsarten veraltet?
Im Grunde hat sich da über Jahrhunderte hinweg nichts verändert, Bienenwachskerzen werden heute noch wie anno dazumal hergestellt. Pferdehufe werden auf dieselbe Weise wie vor 100 Jahren mit Wachs behandelt und ausgebessert. Auch in Waschmitteln ist heute noch Bienenwachs enthalten. Es ist eben ein Naturstoff, der über alle Generationen hinweg Bestand hat!

Was hat es mit den »beeswax wraps«, also Verpackungsfolien aus Bienenwachs auf sich?
Dabei handelt es sich um eine neue Verwendungsweise von Bienenwachs, die sich in den USA entwickelt hat. Wabenhonig aus den mit Wachs versiegelten Zellen hält ja bekanntlich ewig, er wird nicht schlecht. Aus dieser Einsicht entstand die Idee, dass man dieses Wachsdeckelprinzip auch zum Abdecken für unsere Lebensmittel nutzen könnte. Und so begann man, Folien aus Bienenwachs herzustellen, was extrem einfach ist! Man muss nur eine kleine Menge Wachs aus biologischer Erzeugung erhitzen und dann ein sauberes Baumwolltuch durch das Wachsbad ziehen. Nachdem es abgetropft und ausgehärtet ist, hat man eine wunderbare Folie aus Bienenwachs, ein absolut hygienisches Produkt. Zur Verwendung legt man sie dann auf eine Schüssel oder einen Topf, und durch den Druck und die Wärme der Hände schmiegt sich der Stoff dem Gegenstand an. Man kann auch angeschnittenes Obst darin verpacken, oder Käse, oder es zu einem kleinen Säckchen für Nüsse und andere Naschereien formen. Der Fantasie sind hier keine Grenzen gesetzt. Gereinigt werden die Wachstücher unter kaltem Wasser. Ganz simpel, sparsam und umweltbewusst! Demnächst werde ich solche Tücher übrigens selbst herstellen und anbieten können. Danke, ihr lieben Bienen, für die tolle Inspiration!

Alle Eier auf einer Karte

Wie heißt es gleich in der EU-Verordnung zur Vermarktung von Eiern, Artikel 7: »Bei gekühlten Eiern, die bei Raumtemperatur aufbewahrt werden, kann es zu Kondensation kommen, was die Vermehrung von Bakterien auf der und gegebenenfalls deren Eindringen in die Schale zur Folge haben kann. Deshalb sollten Eier nach Möglichkeit bei gleichbleibender Temperatur gelagert und transportiert werden und vor dem Verkauf an den Endverbraucher grundsätzlich nicht gekühlt werden.« Warum? Weil die Schale ihre eigenen Schutzmechanismen hat, und diese werden durch Kühlung geschwächt. Dann wird die Schale porös, und Keime dringen ein. Darüber hinaus verlieren gekühlte Eier an Geschmack. Das heißt aber nicht, dass sie in unmittelbarer Nähe einer Wärmequelle wie Herd, Ofen, Heizkörper oder auf der sonnigen Fensterbank lagern sollten.

So geht's:

Falls Sie Ihre Eier legefrisch aus dem eigenen Hühnerstall beziehen, sollten Sie die wirklich jeden Tag einsammeln – im Winter, damit die Eier nicht einfrieren, im Sommer, um zu verhindern, dass sie durch die Hitze Schaden nehmen. Wenn Sie fleißige Hennen haben, notieren Sie das Legedatum mit Bleistift auf der Schale. Achten Sie darauf, dass diese unversehrt ist und keine Risse aufweist, sonst besteht Salmonellengefahr. Eier dürfen auf keinen Fall gewaschen werden, denn das zerstört die Schutzschicht auf der Schale, die für die Haltbarkeit der Eier sorgt. Zur Lagerung sollten die Eier auf den Kopf gestellt werden (mit dem spitzen Ende nach unten), damit das Eigelb mittig zentriert bleibt. Zusätzlich eingewickelt in Papier, bleiben die Eier lange haltbar. Um den Frischezustand eines Eis zu prüfen, legen Sie es in ein mit Wasser gefülltes Glas. Eier, die nicht mehr frisch sind, schwimmen an der Wasseroberfläche! Der Grund: Je älter das Ei, desto mehr Wasser verliert es, und desto stärker bläht sich die Luftblase in seinem Inneren auf. Diese Luft treibt das Ei nach oben. Wenn es bereits in der Mitte des Glases schwimmt, sollten sie es bald essen, am besten hart gekocht. Außerdem nehmen Eier gern den Geschmack von geruchsintensiven Lebensmitteln an, bewahren Sie sie also in angemessener Entfernung von Zwiebeln oder reifem Käse auf.

Recycling

Viele Leute werfen die Eierkartons nach dem Einkauf auf dem Markt einfach weg, dabei taugen sie gut zur Aufbewahrung und sind auch noch kostensparend. Ich für meinen Teil spiele jedoch die Upcycling-Karte aus und wickle unsere Eier aus dem hauseigenen Hühnerstall dekorativ in Fetzen einer alten Landkarte ein.

Apropos …

In früheren Zeiten verlängerte man die Haltbarkeit von Eiern, indem man sie in einen Korn- oder Strohsack steckte oder in einem Aschehaufen vergrub. Oder man wickelte sie einzeln in schützendes Zeitungspapier und stellte sie an einen kühlen Ort (bei 5 – 8°C). In manchen Regionen Europas, aber auch in China wurden frische Eier in einen Krug aus Steingut gegeben und dann mit Kalk oder Natron bedeckt, um die Poren der Schale zu versiegeln und so zu verhindern, dass das Ei-Innere oxidierte.

Plus

+ Besonders der Trick mit der Landkarte als Einwickelpapier ist ein Hingucker.
+ Wenn es Pfannkuchen gibt, macht es den Kleinen große Freude, die Eier erst auszuwickeln.

Käse – Verjüngungskur im Ölbad

Olivenöl eignet sich hervorragend zum Einlegen von jungem Ziegenkäse oder Edelpilzkäsen wie dem Roquefort. Als wunderbarer Schutz vor Keimen verhindert Öl gleichzeitig das Austrocknen des Käses, während es ihm, je nach Zutaten, ein herrliches Aroma von Kräutern, Wacholderbeeren oder Pfeffer verleiht …

So geht's:

Frischen jungen Käse von Kuh, Schaf oder Ziege in beliebig große Teile stückeln und in ein zuvor sterilisiertes Bügelverschlussglas mit Dichtring geben. Kräuter nach Wahl zugeben (Thymian, Rosmarin, Lorbeer, Salbei …), wenn sie noch am Stängel sind, drapieren Sie diese hübsch hochkant entlang des äußeren Rands im Marinierglas. Verwenden Sie nur völlig trockene Kräuter, und geben Sie pro Glas vier ganze Pfefferkörner hinzu. Zum Schluss mit gutem Olivenöl übergießen, bis alles bedeckt ist. Die Haltbarkeit des eingelegten Käses ist allerdings begrenzt, denn durch das Öl wird dem Lebensmittel kein Wasser entzogen, und deshalb sind die Mikroorganismen nicht eliminiert. Verbrauchen Sie den Käse im Ölbad deshalb am besten im Lauf einer Woche.

Und was noch?

Auch Auberginen, Tomaten, Pilze, Zucchini, Paprika oder Knoblauch können Sie prima in Öl einlegen und so die Lebensdauer des Sommergemüses verlängern.

Plus

+ Der wunderbare Geschmack, den der Käse im Öl entfaltet.
+ Die Cremigkeit, die er durch das Bad erhält.
+ Die eingelegten Käsestücke können im Glas jederzeit zum Picknick oder Brunchbuffet mitgenommen und als Beilage zu einem knackigen Salat gereicht werden.

Minus

– Das Tauchgut muss im Auge behalten werden: Verfärbt es sich oder hinterlässt es einen säuerlichen Geschmack am Gaumen, sollten Sie vom Verzehr absehen.

Keimkiller

Rauch, Essig, Salz, Zucker, Alkohol haben antiseptische Wirkung, die die Entwicklung von Keimen stark verlangsamt oder gar verhindert.

- Beim Räuchern wird das Lebensmittel Gasen ausgesetzt, die beim Verbrennen von pflanzlichen Rohstoffen wie Holz oder Torf entstehen. Fleisch und Fisch werden sowohl durch das Austrocknen während des Räuchervorgangs konserviert als auch durch die im Rauch enthaltenen antimikrobiellen Wirkstoffe, die dem Räuchergut den typischen Geschmack verleihen.
- Essig enthält Essigsäure, die ab einer Konzentration von 15 Prozent keimtötend wirkt. Essig wird aus Rotwein, Weißwein, Branntwein oder Apfelcidre hergestellt; wichtig ist die alkoholische Basis, die als wirksames Antiseptikum Obst und Gemüse haltbar macht.
- Auch Salz wirkt keimabtötend, es bremst das Wachstum von Mikroorganismen und macht Käse, Fleisch und Fisch haltbar. Es wird gleichmäßig auf die Oberfläche des Lebensmittels aufgetragen, und zwar in einer Gewichtung, die etwa 15 Prozent des zu konservierenden Produkts beträgt. Auf diese Weise wird Wasser entzogen, was wiederum die Entwicklung von Keimen verhindert. Von einer Salzlake spricht man, wenn das Lebensmittel von einem flüssigen Salzkonzentrat umhüllt wird.
- Mit Zucker lassen sich Nahrungsmittel zum einen durch Erhitzen konservieren: Dabei verdampft ein großer Teil des in Früchten enthaltenen Wassers, und die gelösten Zuckermoleküle verbinden sich sofort mit den restlichen Wassermolekülen, die dann als Nährboden für Mikroorganismen nicht mehr zur Verfügung stehen (das Prinzip beim Marmeladekochen). Andererseits gibt es Verfahren wie das Kandieren, wobei der Zucker nicht erhitzt wird, sondern den Früchten nach dem Prinzip der Osmose Wasser entzieht, auch so werden sie haltbarer.
- Schließlich wirkt auch Alkohol in einer Mindestkonzentration von 40 Prozent keimtötend. Er dringt durch die Fruchtschale ins Innere des Obsts, wo er peu à peu das Wasser in den Zellen verdrängt. Durch diese Ersetzung wird Bakterien und anderen Mikroorganismen wirksam der Nährboden entzogen.

Entenbrust im Sarkophag

Fleisch ist leicht verderblich, wenn man es nicht gleich verbraucht oder konserviert. Zum Glück gibt's dafür eine altbewährte, einfache Methode: das Einsalzen. Durch das Salz wird dem Fleisch Wasser entzogen, danach wird es an der Luft getrocknet. Ich hätte nie gedacht, dass man das wirklich ohne viel Aufwand und professionelle Ausrüstung selbst machen kann – bis ich es einfach versuchte. Unerlässlich ist allerdings ein absolut hygienischer Umgang mit dem Fleisch und den Küchenutensilien und viel Geduld, denn es kann gut drei Wochen dauern, bis Sie von Ihrem Gustostück naschen können.

So geht's:

Nehmen Sie ein frisches Stück Entenbrust, und entfernen Sie Sehnen und überschüssiges Fett. Die Haut mit der Fettschicht am Rücken wird aber drangelassen, denn sie verhindert zum einen, dass zu viel Salz ins Fleisch eindringt, und sorgt andererseits dafür, dass alles schön zart wird. Tupfen Sie das Stück mit Küchenkrepp sorgfältig trocken. Füllen Sie dann 500 g grobes Meersalz in eine Salatschüssel (feinkörniges Salz eignet sich nicht), legen Sie die Entenbrust auf das Salzbett, und geben Sie weitere 500 g Salz darüber. Pressen Sie alles fest zusammen, bedecken Sie die Schüssel mit einem sauberen Tuch, und lassen sie das Ganze 24 Stunden lang ziehen. Am nächsten Tag die Entenbrust sorgfältig mit kaltem Wasser abspülen und gut trocken tupfen. Danach mit vielen Gewürzen kräftig einreiben, das ergibt ein wunderbares Aroma, und die Gewürze haben zudem antiseptische Wirkung – z.B. *Quatre Épices:* gemahlener Pfeffer, Ingwer, Muskat und Nelken. Rosmarin, Lorbeer, Fenchel und andere Kräuter nach Belieben beimischen und dann die Brust in ein sauberes Küchentuch einschlagen (das nicht mit Weichspüler behandelt wurde, sonst nimmt das Fleisch ungewollt den Lavendelduft von Lenor an). Mit einer Schnur fest umwickeln und das Ende der Schnur als Lasche nutzen, um das nun gut verschnürte Fleisch an einem Haken aufzuhängen. Lassen Sie Ihr Meisterstück an einem kühlen, dunklen Ort ungefähr drei Wochen bei maximal 21°C abhängen.

Recycling

Das Salz kann wiederverwertet werden, wenn Sie es bei etwa 60°C im Ofen auf dem Backblech austrocknen lassen. Die Hersteller des berühmten Bayonner Schinkens schwören, das Salz könne auf diese Art Dutzende Male zum Einsatz kommen!

Apropos …

Diese einfache Methode, Fleisch durch Wasserentzug lagerfähig zu machen, reicht zurück bis in die Zeit der Antike.

Plus

+ Einfaches Verfahren.
+ Köstlicher Geschmack.
+ Ein idealer Begleiter fürs Picknick oder beim Zelten.
+ Der große Moment, in dem Sie mit stolz geschwellter Brust die Entenbrust zum Aperitif reichen können.

Minus

– Es braucht Geduld, damit die Sache reifen kann.

PORTRÄT

Geräuchertes nach Art von John C.

Während die ganze Welt den neuesten Technologietrends hinterherrennt, lebt John ein ursprüngliches und traditionsbewusstes Leben im Antlitz der majestätischen Pyrenäen. Ich lernte ihn auf einem Lehrgang über »Kochen mit Wildpflanzen« kennen, den er organisierte. Wer also könnte mir eine Lehrstunde über die Methode des Räucherns erteilen, wenn nicht dieser findige Spurenleser und Überlebenskünstler?

Hast Du von Deinen Großeltern gelernt, wie man als Selbstversorger in der Wildnis (über-)lebt, John?

Ja, größtenteils schon. Meine Vorfahren stammen aus sehr unterschiedlichen Kulturen; ich wuchs unter Kosaken und Baschkiren auf, beides halb nomadische Volksstämme. Aufgeschlossenheit für andere Kulturen wurde mir also bereits in die Wiege gelegt, und das macht es mir leicht, mich ungewöhnlichen Situationen anzupassen. Als junger Mann habe ich dann verstärkt die Begegnung mit meinen Großeltern und Verwandten in Russland gesucht, um mehr über ihre Traditionen und Gebräuche zu erfahren.

Welche wichtigen Einsichten hat Dir das vermittelt?

Die baschkirische Kultur lehrt insbesondere eine einfache, auf die praktischen Erfordernisse ausgerichtete Lebensweise im Einklang mit der Natur. Naturverbundenheit ist dabei ganz wesentlich. Und ein kosakisches Sprichwort lautet: »Ist der Kosak die Spitze der Lanze, so ist die Frau deren Schaft«. Das gilt bis zum heutigen Tag. Frauen spielen in unserer Kultur eine herausragende Rolle in Sachen Bevorratung, Herstellung von Gebrauchsmaterialien und natürliche Heilmethoden. Was ich weiß, habe ich von meiner Urgroßmutter Isadora, von Oma Maï, von meiner Mutter und von diversen Tanten gelernt. Ich entsinne mich noch, dass meine Großmutter früher Fichtennadeln sammelte, um unsere Halsschmerzen zu kurieren, oder Honig, Lehm und Holzkohle (elementare Bestandteile unserer Hausapotheke) heranschaffte. Sie stellte Vorratsbehälter aus Birkenrinde her und baute sogar einen Tschum, eine als Außenkühlschrank dienende Spitzjurte aus Lehm und Birkenholz, die mit feuchtem Moos abgedeckt wird, um die Nahrung frisch zu halten.

Und das Räuchern, wie funktioniert das?

Räuchern ist eine uralte Technik, um die Lebensdauer von Fleisch und Fisch zu verlängern. Zuerst müssen Adern und Sehnen entfernt werden, denn über sie verteilt sich das Wasser im Fleisch, und das gilt als Hauptverursacher von Keimbesiedelung. Dann schneidet man das Fleisch in Scheiben und salzt sie gründlich ein, um ihnen Wasser zu entziehen. Bevor sie auf den Räucherrost kommen, reibt man die Stücke mit einer Gewürzmischung aus Kräutern und Pfeffer ein. Die im Rauch enthaltenen Tannine (die nur eine geringe Hitze von 20 – 25°C vertragen) bewirken nicht nur, dass der Salzmantel langsam abfällt, sie dringen auch in die Poren des Fleischs ein und töten Keime ab. Der Räuchervorgang dauert etwa sechs Stunden, wobei das Fleisch alle zwei Stunden gewendet werden muss. Mit Fisch verfährt man im Grunde genauso, Heringe werden vorher in Öl mariniert. Ähnlich wie helles Fleisch, neigt Fisch aber dazu, schnell auszutrocknen, deshalb belässt man ihn nicht so lange im Rauch wie rotes Fleisch.

Fürs Räuchern gelten strenge EU-Normen:
Die Verwendung von Fichtenhölzern ist untersagt,
nur Buchenspäne sind erlaubt. Durch die Austrocknung
beim Räuchern verlängert sich nicht nur die Haltbarkeit,
auch Farbe, Konsistenz und Geschmack
des Rauchguts verändern sich.

ILMABOR
TGI
1000ml

Essig mit Erdbeeren!

Erdbeeren halten sich nicht lange, sie sollten innerhalb von zwei bis drei Tagen nach dem Kauf verzehrt werden. Doch es gibt tolle Möglichkeiten, um ihren herrlichen Geschmack zu konservieren. Man kann sie zu Konfitüre verarbeiten, Erdbeerwein keltern, Sirup kochen oder Likör aus ihnen machen. Noch origineller ist die Idee, sie in Erdbeeressig zu verwandeln.

So geht's:

Sie brauchen etwa 300 g pralle, duftende Erdbeeren, die behutsam unter fließendem Wasser abgespült werden. Die Stiele entfernen, Früchte halbieren oder vierteln und dann in eine zuvor sterilisierte Flasche mit Apfel- oder Weißweinessig (50 cl) geben. Drei Esslöffel Honig und nach Geschmack etwas Szechuanpfeffer hinzufügen und das Ganze zwei bis drei Wochen unter Zufuhr von Luft (also ohne Korken oder Verschluss) ziehen lassen. Ab und zu durchschütteln und nach Ende der Ruhephase alles im Mixer pürieren. Wenn der Erdbeeressig die Konsistenz eines Fruchtsmoothie hat, ist er genau richtig. Nun können Sie ihn nach Herzenslust über Fruchtsalat, in Salatsoßen und Vinaigretten, aber auch als Glasur für Geflügel und Fleisch verwenden. Lichtgeschützt ist der Essig bis zu zwei Jahre haltbar. Auch wenn Sie die roten Früchtchen nicht direkt zu Essig verarbeiten wollen, können Sie ihre Haltbarkeit durch ein Essigbad – 1 Tasse Essig auf 10 Tassen Wasser – verlängern. Geben Sie die Erdbeeren nach dem Bad in ein Abtropfsieb, und stellen Sie dies bis zum Verzehr an einen kühlen, trockenen Ort.

Apropos …

Essig gibt es schon so lange, wie es Wein gibt, denn davon stammt er ab. Im Französischen hat sich die Herkunft sogar im Wortstamm erhalten: »vin aigre« bedeutet nichts anderes als »saurer Wein«. Essig entstand wohl durch einen undichten Korken auf einer Weinflasche. Doch schnell merkte man, dass damit auch Lebensmittel konserviert und Speisen aromatisiert werden konnten. Was kaum einer weiß: Die ersten Überlieferungen stammen aus Mesopotamien und dem alten Ägypten, wo Essig bereits vor 5000 Jahren bekannt war!

Und was noch?

Auch Gurken, Zwiebeln, Kapern, Blumenkohl und viele andere Gemüsearten lassen sich prima – und bunt gemischt – in Essig konservieren, die englische Tradition der Pickles beweist es. Selbst hart gekochte Eier kann man einlegen! Man gibt sie einfach in ein Einmachglas und übergießt sie mit heißem Apfel- oder Weinessig. Sie halten sich so monatelang bei Raumtemperatur. Herausgenommen werden nur die Eier, die man verspeisen möchte. Sie haben ein würziges Aroma und peppen jeden Sommersalat auf!

Plus

+ Die Säure und Würzigkeit des Essigs wird durch den süßen Erdbeergeschmack wunderbar abgerundet.
+ Selbst gemachter Obstessig ist eine Wohltat für die Darmflora und die Verdauung.

Kirschen mit Schwips

Kirschen sind süß und saftig, aber ihre Haltbarkeit ist gering. Sie werden in vollreifem Zustand geerntet, am besten mit Stiel, der ihren Frischegrad anzeigt. In makellosem, unversehrtem Zustand lassen sie sich einige Tage ungekühlt in einem Abtropfsieb an der frischen Luft aufbewahren. Sie sollten trotzdem rasch verzehrt werden, sonst verlieren sie an Geschmack, Konsistenz und Nährstoffen. Wenn aufgrund von einsetzenden Blähungen (weil man zu viele verputzt hat!) oder durch einen Akt heroischen Verzichts einmal ein paar Kirschen übrig bleiben, kann man sie in Schnaps einlegen.

So geht's:

Pflücken oder besorgen Sie 1 kg Süßkirschen am Stiel, und waschen Sie diese unter kaltem Wasser ab. Trocknen Sie die Früchte anschließend in einem sauberen Küchentuch. Die Stiele dann bis auf 2 cm Länge kappen und die kleinen Schnapsdrosseln in ein Einmachglas bis 1 cm unter den Rand füllen, ohne sie zusammenzudrücken. 200 g Zucker und etwa 1 Liter Branntwein oder Cognac zugeben, dann das Glas luftdicht verschließen und sechs Monate an einem dunklen Ort ziehen lassen. Nach einem halben Jahr prüfen und ggf. Alkohol nachfüllen, falls der sich etwas verflüchtigt hat; nach Belieben auch nachzuckern. Nun müssen Sie sich erneut sechs Monate gedulden, bevor Sie von den Früchten naschen können. Im Schnaps halten sich die Kirschen jahrelang, vergessen Sie also nicht, das Glas zu beschriften.

Apropos …

In ländlichen Regionen wurde traditionell klarer, 40- bis 50-prozentiger Brand aus regionalen Produkten in kleinen Brennereien vor Ort erzeugt, der ohne Lagerung direkt in Flaschen oder Fässer für den Hausgebrauch abgefüllt wurde. In der Bretagne und der Normandie wird noch heute aus Apfelcidre klassischer Calvados hergestellt, aus dem Osten Frankreichs kommen Obstwässer aus Zwetschgen, Mirabellen oder Renekloden, im Norden wird Wacholderschnaps gebrannt, und in vielen Regionen wird Schnaps auch aus Wildbeeren wie Heidelbeeren, Brombeeren, Preiselbeeren bzw. aus Trauben oder Kernobst (Birnen usw.) gewonnen. Auch im Fass gereifte Spezialitäten wie Armagnac oder Cognac können zum Konservieren von Früchten verwendet werden.

Und was noch?

Es gibt tausenderlei Möglichkeiten, die knackigen Sommerknupper haltbar zu machen – zum Beispiel als Saft, Sirup, Konfitüre, Kompott oder als Trockenfrüchte.

Plus

+ Der proustsche Madeleine-Effekt beim Schnabulieren.
+ Früchte im Glas sind immer ein prächtiger Anblick.
+ Die Kirschen können so nicht nur im Sommer vernascht oder zu einem leckeren Dessert kredenzt werden.

Minus

– Es erfordert viel Geduld, bis es endlich so weit ist.

Alcool Spéci
pour Fruits
Spiritueux
FAUCONNIER

PORTRÄT

Radhikas Milchkonfekt

Radhika lebt in Paris und schreibt gerade ihre Doktorarbeit in Politikwissenschaft. Meine Freundin Usha aus Indien hat uns bekannt gemacht. Radhika liebt Naschereien und probiert ständig Neues aus. Ihr feiner Gaumen ist von der traditionellen indischen Küche geprägt, was ihre Mitbewohner besonders begeistert – und das zu Recht!

Radhika, welches Rezept hast Du ausgesucht? Es sieht nach einer raffinierten Methode aus, Milch haltbar zu machen.

Das ist Barfi, eine süße Delikatesse aus Kondensmilch, Zucker und Kardamom. Alles wird zusammen aufgekocht, bis die Masse andickt. Barfi wird oft mit Mango- oder Feigenstückchen, Kokosflocken, Mandeln, Erdnüssen oder Pistazien verfeinert, manchmal mit Safran veredelt. Sobald die Masse die gewünschte Konsistenz erreicht hat, gießt man sie auf ein Blech, lässt sie erkalten und sticht dann kleine Vierecke, Rauten oder Kreise aus, die zu jeder Tageszeit einfach köstlich schmecken.

Dass Milch überhaupt ein Bestandteil der indischen Küche ist, wundert mich, es wird doch extrem heiß in vielen Regionen, die Temperaturen steigen oft auf 40°C und höher.

Trotzdem spielt Milch eine wichtige Rolle in unserer Kultur und in unserer Ernährung. Kühe sind heilig, denn sie nähren uns wie eine Mutter mit ihrer kostbaren Milch. Selbst als Vegetarier beugt man in Indien einem Eiweißmangel durch den Verzehr von Milchprodukten vor. Milch ist ein unverzichtbares Grundnahrungsmittel.

Ein großer Teil der indischen Bevölkerung lebt in ärmlichsten Verhältnissen ohne Kühlschrank. Wie kann man unter solchen Bedingungen Milchprodukte verwenden?

Frische Milch wird sofort abgekocht. Aus der beim Erhitzen entstehenden Haut wird Joghurt gemacht und in gut verschließbare Edelstahltöpfe gefüllt, deren Konservierungswirkung viel höher ist als die von Gläsern oder Plastikbehältern. Fast jede Familie stellt ihren eigenen Joghurt her, weil er vielfältig verwendbar ist und wir den Geschmack einfach lieben. Auch in vielen Heißgetränken ist Milch ein wichtiger Bestandteil, etwa beim Kaffee oder Chai, die wir mit vielen Gewürzen und Kondensmilch zubereiten. Auch Lassi, ein traditionelles Joghurtgetränk, in das wir Obst mischen, wird viel getrunken, und Buttermilch oder Molke, die als Nebenprodukte der Butterherstellung abfallen. Selbst der Rahm wird nach dem Abschöpfen der Butter weiterverarbeitet. Wir nutzen jede Gelegenheit, Milch in eine haltbare Form zu kriegen.

Ghee, ein typisch indisches Produkt, ist in Europa noch nicht so bekannt – was genau ist das?

Ghee basiert auf einem uralten Verfahren des Konservierens von Butter und ist ein elementarer Bestandteil der indischen Küche. Frische Butter wird erhitzt und köchelt eine Weile vor sich hin, bis sich das Fett von den Nebenbestandteilen Milchzucker, Wasser und Eiweiß trennt. Das nunmehr reine Butterfett wird gefiltert, und die so erzeugte geklärte Butter hält sich monatelang ohne Kühlung. Sie ist außerdem hocherhitzbar. In Indien wird auf der Verpackung von Lebensmitteln extra vermerkt, ob sie mit Ghee oder Palmöl hergestellt wurden, wenn das nichts heißt! Als Symbol für Reinheit spielt Ghee auch in vielen religiösen Ritualen eine Rolle. Es hat einen ganz besonderen Platz in der indischen Kultur. Doch auch in Osteuropa, vor allem in Russland, ist geklärte Butter als Butterschmalz beliebt und wird dort zu Blinis gereicht.

Welche Unterschiede zwischen Europa und Indien findest Du besonders frappant?

Auffällig ist, dass Speisen in Indien sehr stark von den saisonalen und klimatischen Bedingungen geprägt sind, also auch vom Hitzegrad der Region. Je heißer es ist, desto mehr Gewürze werden verwendet, weil sie auch antibakterielle Wirkungen haben. Und desto eher werden »nachhaltige« Bratfette verwendet, die selbst größte Hitze überstehen. Die regionale Vielfalt Indiens hat ein riesiges Spektrum an kulinarischen Köstlichkeiten hervorgebracht.

Fermentation und Gärung

Milchsäuregärung ist ein schonendes Konservierungsverfahren, bei dem der ursprüngliche Nährwert der Produkte nicht nur erhalten bleibt, sondern sich sogar erhöht. Die Mikroorganismen, die üblicherweise neutralisiert werden, vermehren sich beim Fermentieren unter sterilen Bedingungen. Sie entwickeln die berühmte Milchsäure, die wiederum verhindert, dass die Lebensmittel verderben, indem die Vitamin-C-Produktion stark angekurbelt wird. Das Verfahren der Gärung wird seit Urzeiten für die Herstellung von Bier, Sauerteigbrot, Sauerkraut, Bierhefe, Kombucha (fermentierender Pilz in Tee), Kefir (aus Milch oder Wasser mit Zucker und Früchten) oder Kimchi (milchsauer vergorenes Gemüse mit Chili und Fischsoße) angewandt. Die Mikroorganismen (Probiotika) sind ein wichtiger Bestandteil unserer Darmflora und fleißige kleine Helfer unseres Organismus im Kampf gegen Infektionen aller Art.

Der Kefir lebt!

Der »Japankristall«, wie Wasserkefir auch genannt wird, entsteht aus Hefen und Bakterien, die sich zu kleinen durchsichtigen Kristallen formen und in gezuckertem Wasser vermehren. Sie sind reich an »guten« Bakterien (Lactobacillus delbrueckii subsp. bulgaricus, Lactococcus lactis, Saccharomyces cerevisiae …) und wirken probiotisch. Kefir reinigt den Darm, unterstützt die Darmaktivität, verbessert die Verdauung und stärkt das Immunsystem.

So geht's:

Verwenden Sie einen sterilen Glaskrug mit 1,5 Litern Fassungsvermögen. Geben Sie 70 g Kefir-Kristalle hinein, die zuvor in einem Teesieb aus Plastik (sie dürfen nicht mit Metall in Berührung kommen!) unter fließendem Wasser gereinigt wurden. Mit Leitungswasser oder noch besser: Mineralwasser aufgießen, das erhöht die Lebensdauer der Kristalle. Dann zwei Esslöffel Rohrzucker, eine halbe Bio-Zitrone in Schnitzen und zwei getrocknete Feigen zugeben. Die Zitrone wirkt ebenfalls konservierend, weil die Säure den pH-Wert des Getränks senkt; die getrockneten Feigen stellen den Kristallen noch mehr Zucker zur Verfügung, haben viele Vitamine und Mineralstoffe und sorgen für einen abgerundeten Geschmack. Decken Sie den Krug mit einem Tuch ab und lassen Sie den Kefir an einem dunklen Ort bei Zimmertemperatur (18 – 25°C) ein bis zwei Tage ziehen. Sobald die Feigen im Glas aufsteigen, können Sie das Ganze durch ein Sieb (nicht aus Metall!) abseihen und in verschließbare Flaschen abfüllen. Den Saft der Zitronenschnitze auspressen und dem Kefir beigeben. Voilà, ein wunderbar durstlöschendes Getränk, das zu jeder Tageszeit mundet! Es ist allerdings nicht lange haltbar. Feigen und Zitronenschalen wandern auf den Kompost, die Kefir-Kristalle werden unter fließendem Wasser abgebraust und dann entweder sofort neu angesetzt mit zwei Teelöffeln nicht raffiniertem Zucker und etwas Mineralwasser – er muss dann allerdings in den Kühlschrank. Wenn Sie keinen Kühlschrank besitzen, können die Kristalle in kleinen Portionen eingefroren und bei Bedarf wieder aufgetaut werden (allerdings lassen sich die Kristalle nur einmal einfrieren). Als dritte Möglichkeit können die Kristalle auf einem Teller auf der Heizung getrocknet und in geschrumpftem Zustand in einem gut verschließbaren Behälter bis zu einem Jahr aufbewahrt werden.

Apropos …

Der Ursprung der Kefirkristalle ist umstritten. Manche datieren ihre Entdeckung auf das Jahr 1899, als ein gewisser M. Lutz sie erstmalig im Wasser, das mit dem Zucker der hauseigenen Feigenkaktusfrüchte angereichert war, erspähte. In Russland ist man fest davon überzeugt, dass der regelmäßige Genuss von Kefir Infektionen vorbeugt und so gesund ist, dass man ihn Patienten im Krankenhaus sogar verordnet.

Plus

+ Ein prickelndes, fruchtiges, leicht säuerliches Geschmackserlebnis.
+ Kefir hat viele gesunde Eigenschaften.

Minus

– Die Kristalle werden liebevoll von Nutzer zu Nutzer weitergereicht, vor dem Ansetzen der ersten Kultur müssen Sie also zunächst einen Geber finden (im Netz existieren Listen, die bestimmt auch einen in Ihrer Nähe verzeichnen). Darüber hinaus kann man in Bioläden Starter-Bakterien kaufen.

Milchsauer macht lustig

Möhren, Kohl, Rote Bete, Steckrüben, Rettiche, Gewürzgurken – zahlreiche Gemüsesorten lassen sich wunderbar auf der Grundlage von Milchsäuregärung konservieren. Und als ob das noch nicht genug wäre, wirkt sie auch noch Wunder auf unsere Darmflora, die freundliche Bakterien mit guten Enzymen stets willkommen heißt, weil sie der Verdauung helfen.

So geht's:

Gemüse – zum Beispiel Möhren, Rotkohl und Romanesco – waschen, schälen und klein schneiden. Danach sortenrein oder wild gemischt in zuvor sterilisierte Bügelverschlussgläser geben; wichtig ist nur, dass das Gemüse fest zusammengepresst wird. Ein bisschen geriebener Ingwer passt immer, ansonsten Kräuter und Gewürze nach Belieben. Ein weiteres Mal alles gut zusammenpressen, dann kohlensäurehaltiges Wasser und einen halben Teelöffel grobes Meersalz hinzufügen (je größer das Glas, desto mehr Salz). Das Gemüse muss vollständig mit Wasser bedeckt sein. Als Abschluss dient ein Kohlblatt, dann wird das Bügelglas luftdicht verschlossen (der Dichtring muss trocken, sauber und möglichst unbenutzt sein). Stellen Sie die Gläser an einen lichtgeschützten, aber warmen Ort (in die Nähe der Heizung oder des Ofens). In den ersten paar Tagen werden die Fasern des Gemüses durch die Fermentation zunächst mürbe, danach machen sich die guten Laktobakterien ans Werk. Sie vertreiben alle anderen Mikroorganismen und säuern das Gemüse. In dieser hyperaktiven Phase kann etwas Wasser am Glasrand austreten, stellen Sie deshalb einen Untersetzer darunter. Nach etwa drei Wochen ist die Vermehrung der schlechten Bakterien wirksam unterbunden, und die guten Laktobakterien verlangsamen ihr Arbeitstempo. Das milchsauer vergorene Gemüse kann nun also lustig verspeist werden!

Apropos …

Nach der Einnahme von Antibiotika ist der Verzehr von milchsauer Vergorenem besonders empfehlenswert, denn das hilft bei der Regeneration der Darmflora. Weder roh noch gekocht, erleichtert diese »Lebendnahrung« dem Organismus die Aufnahme von Nährstoffen. Industriell hergestellte, in Essig eingelegte Gewürzgurken haben übrigens nicht denselben gesundheitsfördernden Effekt wie milchsauer Vergorenes.

Plus

+ Einfaches Verfahren, das außer dem Bügelverschlussglas keinen weiteren Aufwand oder zusätzliches Gerät erfordert.
+ Der ernährungsphysiologische Wert der Konservierung durch Milchsäuregärung ist enorm.
+ Auch viel beschäftigte Städter gelangen so im Handumdrehen und mühelos an gesunde Vitamine und Nährstoffe in rauen Mengen.

Minus

– Die feine Säure, die manchmal den Gaumen pikt.

Salzzitronen

Ob vom Markt oder direkt vom Baum – Zitronen braucht man immer, und deshalb stellt sich die Frage nach der richtigen Lagerung umso mehr. Bei Zimmertemperatur im Korb bleiben sie ungefähr zwei Wochen lang frisch, als Salzzitronen in der Lake jedoch eine halbe Ewigkeit. Hinter dem irreführenden Begriff »Salzzitronen« verbirgt sich in Wahrheit allerdings ein Milchgärungsverfahren, das vor allem im Mittelmeerraum praktiziert wird.

So geht's:

1 kg *unbehandelte* Zitronen (sie werden mit der Schale eingelegt!) sorgfältig waschen und abtrocknen. Die Früchte längs an vier Stellen einritzen, ohne sie durchzuschneiden. Dann jede Zitrone an einem Riss aufpulen und 1 Teelöffel grobes Meersalz ins Fruchtfleisch pressen. Danach wieder fest zusammendrücken. Für 1 kg Zitronen benötigen Sie etwa 200 g Salz. Verteilen Sie die Zitrusfrüchte auf mehrere, zuvor mit kochendem Wasser ausgespülte Bügelverschlussgläser (mit absolut sauberen, möglichst neuen Dichtringen). Schichten Sie die Zitronen hochkant ins Glas, ganz dicht nebeneinander. Den Saft einer Zitrone, 1 – 2 Lorbeerblätter und nach Belieben einen halben Teelöffel schwarzen Pfeffer hinzugeben. Die gefüllten Gläser mit kochendem Wasser aufgießen und dann luftdicht verschlossen an einem dunklen Ort abkühlen lassen. Die Zitronen müssen vollständig von der Salzlake bedeckt sein. Mindestens drei Wochen lang gären lassen. Mit der Zeit geliert die Flüssigkeit im Glas und nimmt ein betörendes Zitrusaroma an; sie eignet sich wunderbar für Salatsoßen und Vinaigretten. Ein einmal angebrochenes Glas mit Salzzitronen muss rasch aufgebraucht werden.

Apropos …

Dieses Konservierungsverfahren war ursprünglich unter Seefahrern weitverbreitet. Auch aus der Küche des Mittleren Orients und Marokkos sind milchsauer vergorene Zitronen nicht wegzudenken; sie werden unter anderem zum Aromatisieren der Soße für süß-salzige Tajines verwendet, denen sie eine milde Säure verleihen.

Und was noch?

Was gibt es Köstlicheres als frisch geerntete grüne und schwarze Oliven in einer milchsauren Salzlake? Auch für die Konservierung von Wurzelgemüse eignet sich dieses Verfahren, das mit einem Schuss Bier verfeinert werden kann. Das Bier kitzelt den erdigen Geschmack des Wurzelgemüses heraus und verleiht ihm eine satte Würze – ein phänomenales Geschmackserlebnis!

Plus

+ Die feine Säure, die Salzzitronen jedem Fischgericht verleihen.
+ Die überraschende Einsicht, dass die Zitronen immer deliziöser schmecken, je länger sie vor sich hin gären.

Minus

– Man verwendet in der Küche nur die Schale, das Fruchtfleisch ist Ausschuss.
– Im Glas kann sich ein milchiger Film bilden, der allerdings Teil des natürlichen Gärungsprozesses ist.

PORTRÄT

Salzzitronen à la Pascale

Als wir uns kennenlernten, besaß Pascale, die als Illustratorin und Keramikerin in Toulouse lebt, längst keinen Kühlschrank mehr. Das wusste ich aber nicht, denn zu Beginn einer Freundschaft gibt es wirklich wichtigere Themen. Von ihrer besonderen »Lebensart« erfuhr ich erst, als sie mich eines Tages zum Mittagessen bei sich zu Hause einlud. Da habe ich nicht schlecht gestaunt!

Was kommt Dir in den Sinn, wenn Du an die Ferien auf dem Bauernhof als Kind zurückdenkst?

Vor allem die köstliche Johannisbeermarmelade meiner Oma Raymonde, der zum Reifen ausliegende Ziegenkäse meiner Tante Brigitte, der luftgetrocknete Schinken und die selbst gemachte Wurst meines Onkels Bernard, die über den Gläsern mit Rillettes und Paté baumelten, eingelegter Spargel, Ratatouille und grüne Bohnen.

Warum hast Du den Kühlschrank abgeschafft? Was war der Auslöser?

Ein frostiger Tag im Winter, an dem ich einen Kuchen ans offene Fenster stellte, um nach dem Backen auszukühlen. Er war zu warm, um ihn in den Kühlschrank zu stellen. Und da ging mir auf, wie viel Strom ich ständig verbrauchte, um den Motor eines Geräts anzuheizen und am Laufen zu halten, damit meine Lebensmittel kühlten! Bis dahin war mir nie bewusst, wie absurd das ist. Ich hab dann in meinen Kühlschrank hineingeschaut und festgestellt, dass er nur zur Hälfte gefüllt war. Schon damals ernährte ich mich fleischlos und verzichtete auch weitgehend auf Milchprodukte. Ich habe den Kühlschrank von jetzt auf gleich abgeschaltet und seinen Inhalt auf die Fensterbank verfrachtet, die bis heute während des Winters zur Lagerung meiner Lebensmittel dient …

Wie hat sich Dein Alltag verändert, nachdem Du den Kühlschrank abgeschaltet hast?

Ich gehe nun zweimal pro Woche einkaufen, und zwar am liebsten in den Geschäften um die Ecke. Natürlich kaufe ich keine Fertigprodukte, denn die müssten ja in den Kühlschrank. So ernähre ich mich automatisch viel gesünder! Wenn ich mal Lust auf Joghurt oder frischen Mozzarella habe, gehe ich einfach direkt in den Käseladen nebenan und kaufe nur kleine Mengen, die ich dann sofort aufbrauche.

Da wir gerade über Mengen reden – was hat sich verändert?

Ich koche nur noch so viel, wie ich auch am selben – oder nächsten – Tag esse (Nudeln, Reis oder gebackenes Gemüse kann man gut über Nacht auf der Fensterbank stehen lassen). Im Sommer ist das natürlich schwieriger, dann bereite ich die Mengen wirklich auf den Punkt genau zu. Ich bereite kleine Portionen zu und habe mittlerweile ein gutes Auge und Gespür dafür, wie viel ich nehmen muss, damit hinterher keine Reste übrig bleiben, die vergammeln könnten.

Wie steht's um das Material und die Beschaffenheit der Lagergefäße und Behälter – inwiefern spielen die eine Rolle?

Da ich Lebensmittel nicht mehr im Kühlschrank verstecke, wurden Wahl und Aussehen der Behältnisse wichtiger. Sie müssen funktional sein, aber auch ansprechend fürs Auge. Reis bewahre ich beispielsweise in einem alten Tontopf auf, der ist schöner als Plastikdosen oder Gläser. Außerdem absorbiert Ton auch Feuchtigkeit, ist also ideal für die Vorratshaltung.

Haben sich Deine Kochgewohnheiten verändert?

Dadurch, dass ich nun immer alles im Blick habe, fallen mir oft ausgefallene Kombinationen ein. Was ich koche, hängt maßgeblich davon ab, wie schnell etwas verbraucht werden muss. Wenn ich auf dem Markt einen schönen Kopfsalat erstehe, ist klar, dass ich den zuerst esse, damit er gar nicht erst welk wird. Bei Radieschen verarbeite ich erst die Blätter zu einem leckeren Pesto, bevor ich mich über die roten Köpfchen hermache. Ich lasse mich bei der Zubereitung von Mahlzeiten mehr oder weniger von den Sachzwängen leiten, die sich aus dem Verzicht auf den Kühlschrank ergeben. Aber das Tolle ist, dass dies auch ständig zu neuen Einfällen und lukullischen Kreationen führt!

Kimchi & Ko(hl)

Kohl ist nicht unbedingt das feinste aller Gemüse, aber er besitzt viele gute natürliche Eigenschaften, die durch das Fermentieren noch potenziert werden. Man verarbeitet ihn entweder zu leckerem Sauerkraut oder probiert sich an der hierzulande noch nicht ganz so verbreiteten koreanischen Variante Kimchi. Vergorenes Kraut ist kinderleicht herzustellen und steigert den ernährungsphysiologischen Wert des ollen Kreuzblütlergewächses noch einmal beträchtlich: Der Kohl hat dann noch mehr Vitamin C, noch mehr Enzyme, noch mehr B-Vitamine und noch mehr Vitamin K. Das ist kaum zu toppen!

So geht's:

Einen Kopf Chinakohl waschen, in Streifen schneiden und in eine Schüssel geben, dann mit 100 g grobem Meersalz bestreuen, alles gut durchmischen und mit einem Deckel zudecken. Der Kohl muss nun sechs Stunden ziehen. Danach in einem Durchschlag mit kaltem Wasser abbrausen und abtropfen lassen. Sechs zerkleinerte Knoblauchzehen, 10 g gestiftelten Ingwer, 1 Esslöffel Zucker, 1 Esslöffel Chilipulver oder 3 zerkleinerte rote Chilischoten, einen Rettich und drei junge Zwiebeln zum Kohl geben und erneut alles gut durchmischen. Mit Fischsoße bzw. 2 Teelöffeln Nuoc Mâm abschmecken und in Einmachgläser füllen, gut zusammenpressen und luftdicht verschließen. Da einmal angebrochene Gläser mit Kimchi innerhalb weniger Tage aufgebraucht werden müssen, ist es sinnvoll, das Ganze auf mehrere kleine Gläser zu verteilen. Bei Zimmertemperatur zunächst den Gärprozess in Gang kommen lassen (etwa zwei Tage), danach die Gläser am kühlsten Ort im Haus bzw. der Wohnung aufbewahren. Kimchi schmeckt schon nach 24 Stunden Gärung, noch viel köstlicher allerdings nach einer und absolut deliziös nach zwei Wochen! Das exquisite Aroma entfaltet sich mit jedem Tag.

Apropos …

In Korea gibt es mehr als 100 Varianten von Kimchi, je nachdem, welches Gemüse als Grundlage dient. Für den Koreaner ist Kimchi, was für den Franzosen der Käse ist! Und das hat seinen Grund: Lange Zeit war er die einzige Vitamin-C-Quelle während der Wintermonate. Er wurde in großen Terrakottafässern gelagert, die mit dicken Strohmatten bedeckt oder in die Erde eingegraben wurden, um sie vor Frost zu schützen. Diese altmodische Art des Fermentierens mag uns Heutigen ein bisschen fremd erscheinen, aber schon die alten Wikinger wandten die Methode erfolgreich an, und davon zeugen Relikte wie der isländische Gammelhai (hákarl) oder Surströmming (saurer Aashering) aus Nordschweden noch heute …

Plus

+ Der noch um ein Vielfaches erhöhte Vitamingehalt des ohnehin an Mineralstoffen und Spurenelementen reichen Kohls.
+ Das mild-säuerliche Geschmackserlebnis, das wunderbar zu Reis, Fleisch und Salaten jeder Art passt.
+ Die gesundheitsfördernde Wirkung von Kimchi auf die Darmflora und der hohe Gehalt an Vitamin A, B und C plus Aminosäuren.

PORTRÄT

Kimchi nach Marie-Lee

Marie-Lee stammt aus Korea und wurde im Alter von fünf Jahren in Frankreich adoptiert. Sie ist Textildesignerin, lebt in der Nähe von Amiens, und ich finde es ganz wunderbar, dass ich ihr begegnet bin. Als ich das erste Mal selbst Kimchi zubereiten wollte, bin ich natürlich sofort zu ihr gelaufen, um mich von ihr nach den traditionellen Regeln der Kunst einweisen zu lassen.

Welche Erinnerungen hast Du an das Land Deiner Geburt?
Prächtige Landschaften zwischen Gebirge und Meer, der Geschmack von Reiskuchen, *tteok*, und natürlich das Aroma von Kimchi.

Kimchi zubereiten ist dort Familiensache?
Ja, in Korea machen alle mit bei der Zubereitung von Kimchi, ob in der Familie oder unter Freunden. Es gibt auch Kimchi-Festwochen und sogar ein Museum für dieses kulinarische Nationalheiligtum!

Was ist besonders faszinierend an der koreanischen Küche?
Die vielen unterschiedlichen Geschmäcker, Farben und die reichhaltigen Aromen der Speisen, die in bunten Schälchen, sogenannten *banchans*, auf den Tisch kommen. Und alles ist sehr gesund! In Korea ist Ernährung gleichzeitig auch Krankheitsvorbeugung, Medizin und Hausapotheke, deshalb wird nur mit frischen Zutaten gekocht und kein Aufwand gescheut. Man nimmt sich viel Zeit für die Zubereitung von Speisen und wartet auch mal etwas länger bis zur Verkostung, wie bei Kimchi.

Wie wurden Lebensmittel vor der Ankunft des Kühlschranks in Korea traditionell haltbar gemacht?
Früchte und Gemüse, aber auch Meerestiere wurden getrocknet (Süßkartoffeln, Kakifrüchte, Tintenfische, Anchovis, Algen …) oder fermentiert in Sojasoße, Pflaumen- und Ingwersud, Aloe-Vera-Konzentrat – als Kimchi … Das Fermentiergut wurde in großen Tonfässern im Garten eingegraben.

Was bewirkt die Fermentation bei Obst und Gemüse? Und wie erklärt sich ihre große Beliebtheit bis zum heutigen Tag?
Dank Fermentation konnte sich die Familie auch in den Wintermonaten mit Gemüse und Obst versorgen. Außerdem erhöht das Verfahren den Vitamingehalt, das erklärt seine große Beliebtheit.

Meinst Du, wir müssen wieder lernen, Lebensmittel zu schätzen? Hast Du da persönliche Erfahrungen?
Die Schätze von Mutter Natur sind ein großes Geschenk. Als Kind musste ich, wie so viele meiner Landsleute, oft Hunger leiden, deshalb habe ich Hochachtung vor allem, was wächst, vor jedem Kraut, das sprießt und uns die wunderbarsten Aromen schenkt. Leider verleiten Wohlstand und Überfluss in Korea wie in allen entwickelten Ländern heute zu Verschwendung und Achtlosigkeit.

Was ist Deine schönste kulinarische Entdeckung?
Ich kann nur sagen: Kimchi. Wegen seiner probiotischen Eigenschaften und der Unmenge an Vitaminen und Ballaststoffen, aber auch, weil seine Vielfalt schier grenzenlos ist. Kimchi kann aus fast allem zubereitet werden – aus Süßkartoffeln, Butternut-Kürbissen, Birnen und so weiter. Er ist vielseitig wie Tofu! Andere wunderbare Entdeckungen sind Sesamblätter (japanisches Shiso, siehe oben), die man als Antihistaminikum verwenden kann, und Essig aus Granatäpfeln oder Kakifrüchten, der entschlackend und entgiftend wirkt.

Einkochen und Sterilisieren

Bei diesem Verfahren werden die Lebensmittel in sterilisierten Bügelverschlussgläsern konserviert. Dabei müssen die Regeln der Hygiene strikt eingehalten werden, um Krankheitserregern wie Clostridien, die zu Botulismus* führen, keine Chance zu geben. Die Konserven werden in zwei Schritten hergestellt: Zuerst werden die Lebensmittel eingekocht und anschließend in einem großen Topf hitzebehandelt, d.h. bei mindestens 100°C sterilisiert, um wirklich alle Keime abzutöten. Zusätzliches Gerät, zum Beispiel ein spezielles Sterilisiergerät oder ein Schnellkochtopf, ist nötig.

* Lebensbedrohliche Vergiftung durch ein bakteriell verursachtes Nervengift, das in unzureichend erhitzten oder nicht luftdicht verschlossenen Konserven entsteht.

Hitzige Bohnen

Die kleinen grünen Wunderwerke der Natur rufen eigentlich danach, frisch nach der Ernte verspeist zu werden. Da sie enorm ertragreich sind, bleibt aber immer ein Überschuss, der uns im Winter erfreut. Der Nährwert von Obst und Gemüse, das gleich nach der Ernte eingekocht wird, ist dem von frischer Ware vom Markt durchaus vergleichbar.

So geht's:

Für das perfekte Einmachglas 1 kg frische, zarte Buschbohnen waschen und Stiele und Enden entfernen. Das Gemüse kurz in kochendem Wasser (oder im Wasserdampf) blanchieren und im Spülbecken eiskalt abschrecken. Zügiges Vorgehen verhindert, dass die Bohnen im Glas später säuerlich werden. Nach dem Abtropfen in heiß ausgespülte, sterile Einmachgläser (gute Größe: 1 Liter) geben, die Stangen dabei hochkant stellen und fest zusammendrücken. Die Gläser bis 2 cm unter dem Rand mit kochendem Wasser und etwa 20 g Salz auffüllen (die Bohnen müssen vollständig bedeckt sein). Den Deckel mit dem zuvor in kochendem Wasser überbrühten (möglichst neuen) Dichtring (ggf. Einkochklammern) sorgfältig verschließen und die Gläser anschließend sofort ins Sterilisiergerät oder den Schnelltopf geben und 90 Minuten bei 100°C erhitzen. Wenn die Konserve später zum Verzehr geöffnet wird, die Bohnen kurz unter klarem Wasser abbrausen, um ihnen die durch die Beigabe von Salz bisweilen entstehende bittere Note zu nehmen.

Ansonsten …

… können Sie Bohnen auch mit Zucchini, Lauch, Zwiebeln und Frischkäse zu einer leckeren Suppe verarbeiten, die mit dem Pürierstab sämig aufgeschlagen wird.

Und was noch?

Erbsen, Rosenkohl, Brokkoli, Steinpilze, Möhren, Drillinge, Feuerbohnen, ganze Tomaten, Mangold, Sellerie, Chicorée, Blumenkohl, Blattspinat, Wachsbohnen, Lauch, Artischockenherzen, Maronen können auf dieselbe Art und Weise eingekocht werden.

Plus

+ Gesundes Sommergemüse steht so das ganze Jahr zur Verfügung.
+ Die stolze, aber fast vergessene Tradition des Einkochens wird wiederbelebt.
+ Mit der ganzen Familie Bohnen zu schnippeln ist ein schönes Gemeinschaftserlebnis.

Minus

– Es muss alles ziemlich rasch gehen, sonst entstehen Bitterstoffe.
– Die Konsistenz von hoch erhitztem Gemüse ist nicht mehr knackig.

Kiwi – und wie!

Die flaumige, pummelige Frucht mit dem süß-säuerlichen Fleisch hält sich unter optimalen Bedingungen drei bis fünf Monate lang ohne Kühlung. Grund genug, um sich regelmäßig eine ordentliche Portion Vitamin C zu gönnen! Die aus Asien stammende »chinesische Stachelbeere«, deren Fruchtnarbe am Stielansatz gleich nach der Ernte getrocknet wird, eignet sich auch prima für Konfitüren und Gelees, die nicht nur köstlich schmecken, sondern noch länger haltbar sind!

So geht's:

Für die Herstellung von Konfitüre nur ganz reife Früchte verwenden. Der Reifungsprozess wird beschleunigt, wenn die Kiwis neben einem Apfel, einer Banane, Zitrone oder Ingwerknolle lagern. 1 kg Kiwis, 3 Äpfel, 700 g Zucker, Pektin (im Kerngehäuse der Äpfel enthalten) oder 2 Teelöffel Agar-Agar (in dem Fall die Zuckermenge um die Hälfte auf 350 g verringern) und den Saft einer Zitrone bereitstellen. Äpfel und Kiwis schälen, zerkleinern und grob pürieren. Das nicht zu feine Mus mit dem Zucker erhitzen und 10 Minuten sprudelnd kochen lassen. Dann die Temperatur reduzieren und unter ständigem Rühren 15 Minuten weiterköcheln lassen. Pektin oder Agar-Agar zugeben und erneut 3 Minuten sprudelnd aufkochen, damit es sich gut verteilt. Nun die noch heiße Masse in Gläser abfüllen und sofort den Deckel zuschrauben, damit alles luftdicht abschließt. Nach dem Abkühlen können Sie sich Ihr Frühstücksbrötchen mit der leuchtend grünen Konfitüre versüßen. Vergessen Sie nicht, die Gläser gleich nach dem Abfüllen zu beschriften.*

Ansonsten …

… ist einfach alles erlaubt: Birnenkonfitüre mit Chili, Mirabellenkonfitüre mit Balsamico, Konfitüre aus Melonen und Honig, Zitronen-Pfefferminz-Marmelade, Himbeer-Paprika-Fruchtaufstrich mit Vanilleschoten, Erdbeer-Tomaten-Marmelade … Wussten Sie übrigens, dass man Konfitüre auch im Solarofen herstellen kann? Dazu werden die Früchte nur in den Kocher gestellt, der in ihnen enthaltene Zucker erledigt das Konservieren von selbst.

Plus

+ Der köstliche, feinsäuerliche Geschmack der Konfitüre.
+ Das selbst gemachte grüne Mus eignet sich hervorragend als Geschenk oder Mitbringsel.
+ Die farbenfrohen Gläser machen sich toll auf jedem Küchenregal.

Minus

– Man braucht ein bisschen Anlauf, um sich zu trauen.
– Eventuell müssen ein paar zusätzliche (gebrauchte) Schraubgläser angeschafft werden.

* Fruchtaufstriche können auch im Schnellverfahren hergestellt werden, Lina spricht es auf der folgenden Seite an. Sie halten sich allerdings höchstens eine Woche. Die Früchte werden 15 Minuten auf kleiner Flamme geköchelt, und die Zuckermenge kann im Vergleich zum klassischen Rezept reduziert werden. Direkt vom Herd in Gläser abgefüllt und luftdicht verschlossen, ist Fruchtmus vitaminreicher und intensiver in der Farbe als eingekochte Marmelade. Eine prima Alternative, Früchte ohne großen Aufwand rasch zu verarbeiten.

PORTRÄT

Linas Fruchtmus

Lina hat schwedisch-spanische Wurzeln und lebt seit geraumer Zeit in Frankreich. Vor Kurzem hat sie beruflich und persönlich alles umgekrempelt, um ihre Vorstellung vom guten Leben mit ihren Leidenschaften – Kochen, Kunst, Naturheilkunde, Volksmedizin und Ethnobotanik – besser zu vereinen. Eine Begegnung mit einer Frau, die das Einfache liebt.

Lina, vor einigen Monaten hast Du beschlossen, fortan ein Nomadenleben zu führen. Was steckt dahinter?

Ich bin in der schwedischen Wildnis groß geworden. Wenn ich die Augen schließe, sehe ich Wälder und Seen vor mir, und ich atme diese wunderbare, saubere Luft. Als ich 2012 nach Paris zog, mochte ich das Leben in dieser romantischen Stadt. Nach vier Jahren habe ich aber gemerkt, wie sehr ich die Natur vermisse, und genau in dem Moment lernte ich meinen jetzigen Lebensgefährten kennen. Er hatte den Plan, sein Leben fortan im Caravan zu verbringen. Und ich träumte von der Natur, von Freiheit und vom einfachen Leben. Ich habe nicht lange gefackelt und den Entschluss gefasst, mit ihm zu kommen. Nun ist die Natur unser Zuhause.

Wie wirkt sich die nomadische Lebensweise auf Deinen Alltag aus?

Mir wurde bewusst, dass Designer-Schnickschnack und mit allen Schikanen ausgestattete Küchen nichts mit einem guten Leben und schon gar nichts mit Gesundheit zu tun haben. Es kommt einzig und allein auf die richtige, energie- und abwechslungsreiche Ernährung an. Durch unser Leben im Caravan lernen wir ständig neue Leute kennen, Kleinbauern und Kleinsterzeuger, die uns die wunderbarsten Sachen liefern. Unseren Honig kaufen wir direkt vom Imker, der uns seine Bienenvölker gezeigt hat. Der frische Ziegenkäse kommt vom Bauernhof, das Spirulina-Pulver wird von einem Senn auf der Alm hergestellt … Wir versorgen uns quasi von der Hand in den Mund, gehen jeden Tag auf den Markt, pflücken frische, gesunde Kräuter für unsere Mahlzeiten am Wegesrand. Schon aus Platzgründen kaufen wir viel weniger ein als früher, und plötzlich merkt man, dass es für eine leckere Mahlzeit gar nicht zehn verschiedene Gemüse braucht, zumal das unseren Organismus belastet, der ja weniger Nährstoffe verwerten kann, wenn er zu viele verschiedene Lebensmittel auf einmal verdauen muss! In Frankreich ist das ganze Jahr über alles erhältlich, das empfinde ich als großes Glück. Das gemäßigte Klima ist für mich, die im kalten Schweden aufwuchs, ein Wunder. In Schweden ist es kaum möglich, das ganze Jahr über an frisches, geschweige denn regionales Gemüse heranzukommen.

Wie beeinflusst Dich Deine schwedisch-spanische Herkunft in der Küche und beim Kochen?

Bei uns zu Hause standen sowohl Köttbullar und Graved Lachs als auch Tortilla und Pan con Tomate auf dem Speiseplan. Ich glaube, diese aufregende Mischung hat mich schon sehr früh aufgeschlossen für Neues und unbändig neugierig auf alles Unbekannte gemacht.

Die langen und rauen schwedischen Winter haben ja eine ganze Tradition des Haltbarmachens und Konservierens hervorgebracht …

Ich bin aufgewachsen mit Kartoffelkeller und Erdmiete, in denen Obst und Gemüse gelagert wurde. Und meine Großmutter kochte jedes Jahr köstliche Marmelade aus Moosbeeren oder Rhabarber, die wir auf unsere Pfannkuchen schmierten. Aber auch Fuet, eine traditionelle Salamisorte aus Spanien, die mein Vater immer nach dem Urlaub in seiner Heimat mitbrachte, hing in der Speisekammer zum Trocknen.

Übernimmst Du die alten Traditionen auch für Dein Nomadenleben?

Selbstverständlich! Zum Beispiel trockne ich Pflanzen und Kräuter für unseren Tee an der frischen Luft in der Sonne, und ich rühre alle paar Tage frisches Fruchtmus an, das wir dann innerhalb kürzester Zeit wegschlemmen, da wir ohnehin kaum Stauraum im Caravan haben. Der Fantasie sind dabei keine Grenzen gesetzt!

»Wer weiß, wie viel Zeit,
Wertschätzung und Liebe
in einem selbst gemachten
Einweckglas stecken, wird schwerlich
wieder nach einer seelenlos
produzierten Konservendose im
Supermarktregal greifen.«

Ende gut …

Nach unserer Reise ins Reich der natürlichen Konservierungsmethoden, brennen Sie bestimmt darauf, zu erfahren, wie es meiner tapferen kleine Familie ergangen ist, und ob der Mann im Haus, der ja befürchtete, dass ihm nicht nur der Kühlschrank, sondern auch die geliebten Grundnahrungsmittel abhandenkämen, das alles überlebt hat!

Sie werden es kaum glauben, aber dieser Mann, der sich erneut entschieden hatte, mit mir durch Dick und Dünn zu gehen, solange er mit heiler Haut davonkommt *(haha),* hätte selbst nicht gedacht, dass die Erfahrung so durchschlagend positiv und überzeugend ausfallen würde. Er gibt unumwunden zu, dass auch nach der Abschaltung des Kühlschranks tatsächlich »alles schick« ist.

Ich übersetze das für Sie: Da wir nun weniger Fleisch essen, gönnen wir uns manchmal den Luxus, Bio-Fleisch vom Hofladen zu kaufen. Und was soll ich Ihnen sagen – mein Mann lässt sich nie lange bitten, schwingt sich fröhlich aufs Rad und fachsimpelt dann stundenlang mit dem famosen und natürlich zertifizierten Experten für Bio- und Naturland-Fleisch, um das beste Stück auszuwählen, das unmittelbar nach dem Kauf zu Hause zubereitet wird.

Wenn er einmal Heißhunger auf Wurst hat, nimmt mein Göttergatte nun auch vorlieb mit einer exquisiten Dauerwurst, Chorizos oder edlem luftgetrockneten Schinken (der sich in der nachhaltigen Bienenwachsfolie gut eine Woche hält). So viel zum Elend meines Mannes …

Und was ist mit dem kühlen Bier oder Weißwein und Rosé für die lieben Gäste, werden Sie fragen?

Ich will ehrlich sein: Wir haben unsere alte Kühlkombination, die während der Experimentierphase brav abgeschaltet in der Ecke stand, zwar über eine Kleinanzeige verkauft. Doch dafür haben wir eine Minigefriertruhe A+++ angeschafft, in der wir Gemüse- und Obstüberschuss aus dem Garten und manchmal ein Stück Fleisch oder Fisch einfrieren, obwohl wir versuchen, das allermeiste gleich nach der Ernte oder dem Einkauf zu verbrauchen.

Doch zurück zu den kühlen Getränken … Um unseren Durst an Sommerabenden zu löschen, verfrachten wir Bier und Wein in einen Kübel mit Eiswürfeln. Mein Mann, ein Freund der gepflegten Schaumkrone, hat außerdem einen Trick ausfindig gemacht (Sie glauben gar nicht, welch großen Forschungseifer ein abgeschaffter Kühlschrank freisetzt!), wie man durch das Einsalzen der Eiswürfel eine Bier- oder Weinflasche in Rekordzeit kalt kriegt, da sich die Abkühlung des Inhalts durch einen physikalischen Effekt rasant beschleunigt.

Ich muss wohl nicht erwähnen, dass mein kleines Cleverle diesen Trick jedes Mal, wenn sich ein treues Gefolge an Kumpeln um ihn schart, mit stolz geschwellter Brust vorführt.

Und die Gören? Die geben an wie Bolle und fühlen sich als »Superhelden«, weil sie es schaffen, ohne Kühlschrank zu überleben – solange es nur genug Eis für sie gibt …

Ich gebe zu, dass wir zu bestimmten Jahreszeiten auf manche Produkte verzichten, im Sommer beispielsweise auf Butter, die bei uns zu einer Winterdelikatesse mutierte. Stattdessen verwenden wir gutes Olivenöl, und auch Weichkäse lassen wir uns erst wieder schmecken, wenn die Tage kürzer und kühler werden.

Unser Alltag ist zwar nicht einfacher geworden (man muss nichts übertreiben), aber große Opfer verlangt uns das Leben ohne Kühlschrank auch nicht ab. Und glauben Sie bloß nicht, dass wir nun von morgens bis abends in der Küche stehen und Lebensmittel einmachen, das ist eher die Ausnahme (obwohl es uns Spaß macht). Im Alltag läuft es so, dass wir aus frischen (also frisch gekauften) Produkten einfach zubereitete Mahlzeiten zaubern.

Unser oberstes Ziel war es, durch die Abschaffung des Kühlschranks der Verschwendung von Lebensmitteln vorzubeugen. Wir gehen viel zu selbstverständlich davon aus, dass alles, was essbar ist, auch nahrhaft und zu jeder Jahreszeit im Überfluss vorhanden ist – und Zeit hat heute ohnehin keiner mehr für irgendwas. Schlimmer noch: Wir stopfen den Kühlschrank voll mit Fertigprodukten, die, weil deren Haltbarkeit sehr begrenzt ist, hinterher auf dem Müll landen. Die Abschaffung unserer großen Kühlkombination zugunsten eines Minigefrierschranks rechnet sich auch in der Energiebilanz: Wir konnten unseren Stromverbrauch und die Kosten um fast die Hälfte senken (von 247 kWh auf 138 kWh pro Jahr).

Sie merken schon, es waren sehr persönliche Erlebnisse und die Erfahrung ist nicht verallgemeinerbar. Wir haben uns dem Ziel in kleinen Etappen genähert und oft einen Schritt vor und dann zwei zurückgetan!

Kühlschrank ja oder nein, das ist die Frage. Die je nachdem, was man für gut und richtig hält, individuell entschieden werden muss. »Ratschläge«, pflegte meine Mutter zu sagen, »sind dazu da, um gegeben, nicht, um befolgt zu werden.«

Wir hören uns wieder in einem Jahr!

Reste ohne Kühlung aufbewahren

Artischocken

Hier ist etwas Vorsicht geboten! Bereits gegarte Artischocken lieber nicht aufbewahren, sie entwickeln Giftstoffe.

Avocado

Eine Zwiebel neben der angeschnittenen Avocado verhindert, dass sie braun anläuft und oxidiert. Üblicher: Schnittstelle mit etwas Zitronensaft beträufeln.

Brot

Damit Brot saftig bleibt und nicht austrocknet, lagert man es am besten in einem Brottopf mit ein paar Apfelspalten (der Trick funktioniert auch bei salzigem und süßem Gebäck). Bereits hartes oder pappiges Brot wird leicht angefeuchtet und dann im Backofen aufgeknuspert.

Champignons/Pilze

Um zu verhindern, dass Pilze an den Schnittstellen oxidieren und anlaufen, werden sie mit einem Spritzer Zitronensaft behandelt.

Gurke

Sie brauchen nur die Hälfte der Gurke? Reiben Sie den Anschnitt mit Salz ein, dann schrumpelt sie nicht.

Karotten/Sellerie/Paprika

Ist das Gemüse schlaff und weich, hilft: waschen, schneiden und über Nacht an einem kühlen Ort in kaltem Wasser einweichen. Am nächsten Tag ist es so knackig wie eh und je!

Kartoffeln

Kartoffeln sollten nicht neben Zwiebeln lagern, sonst faulen sie in Windeseile. Um das Auskeimen zu verhindern, zwei Äpfel dazulegen und an einem lichtgeschützten Ort aufbewahren. So halten sie sich problemlos drei bis vier Monate lang! Und Zwiebeln sind, gut abgeschottet vom restlichen Gemüse (z.B. im Strumpf), ohne Weiteres zwei Monate lagerfähig.

Kürbis

Kürbisse lassen sich monatelang lagern. Bereits angeschnittene Stellen mit Pfeffer einreiben, das hält sie frisch.

Kohl

Aufgeschnittene Kohlhälften, ganz gleich ob Rot-, Weiß-, oder Chinakohl, halten sich länger, wenn sie an der Schnittstelle in etwas Essigwasser getaucht wurden.

Obst

Orangenhälften, Birnenschnitze u.a. werden mit Zitronensaft beträufelt, damit sie nicht durch den Sauerstoff in der Luft oxidieren. Schrumpelige Äpfel peppt man auf, indem man sie kurz mit kochendem Wasser überbrüht. Alternativ helfen auch ein paar halbierte Korken in der Obstkiste gegen Schrumpeln. Kork absorbiert Feuchtigkeit, was den Alterungsprozess der Früchte verlangsamt. Und Korkenduft verscheucht Fruchtfliegen und Mücken.

Salat

Wird nicht der ganze Salatkopf verbraucht, wickelt man den Rest in ein feuchtes Tuch (das feucht gehalten werden muss), damit er auch ein paar Tage später noch knackig ist. Dasselbe gilt für Mangold, Spinat, Kresse, Ackersalat … Bereits welker Salat wird wieder flottgemacht, indem man die Blätter 15 Minuten in kaltes Zuckerwasser taucht.

Sehr welker Salat

… behandeln wie beschrieben. Kopfsalat und Chicorée wird eine Stunde in lauwarmem Wasser mit einem Stück Würfelzucker gewässert, um wieder fit zu werden.

Tomaten

Tomaten immer in nicht ganz ausgereiftem Zustand kaufen, wenn sie nicht gleich gegessen, sondern auf Vorrat gekauft werden! Rispentomaten von der Rispe lösen und von Blättern und Strunk befreien. Jede Tomate einzeln in Zeitungspapier wickeln und mit dem Stielansatz nach unten lagern. Alle zwei bis drei Tage den Reifestand prüfen, so halten sie sich eine Woche und länger.

Wurzelgemüse (weich und schlapp)

Labberige Pastinaken, Möhren und Co. werden gewaschen, in grobe Stücke geschnitten und über Nacht gewässert.

Zitronen

An einem kühlen Ort halten sich Zitronen bis zu drei Wochen. Um die Haltbarkeit um Monate zu verlängern und Austrocknen zu verhindern, werden sie in ein großes Weckglas gegeben, das mit Salz oder Leitungswasser gefüllt wird. Ist die Zitrone bereits angeschnitten, wird die Schnittstelle mit etwas Salz oder Essig eingerieben, so bleibt sie ungekühlt noch einige Zeit haltbar und verliert weder Farbe noch Nährstoffe. Werden nur ein paar Tropfen Zitronensaft benötigt, schneiden Sie die Frucht nicht auf, sondern stanzen Sie ein winziges Loch in die Schale, pressen Sie etwas Saft heraus, und stopfen Sie das Loch danach mit einem Zahnstocher. Wird nur die Zitronenschale benötigt, kann der Rest der Frucht wie eben beschrieben in einem Glas mit Salz oder Leitungswasser konserviert werden.

Zucchini

Kaufen Sie immer die größten! Ihre dicke Haut hält das Fruchtfleisch mindestens einen Monat lang frisch.

Lagerung von Grundnahrungsmitteln

Milch

Ultrahocherhitzte Milch hält sich ungeöffnet im Karton problemlos bis zu einem halben Jahr. Wenn Sie weniger als einen Liter auf einmal verbrauchen, kann Milchpulver eine Alternative sein (vier gehäufte Teelöffel ergeben einen Viertelliter). Zur Zubereitung eines Kuchens oder einer Soße kann das Pulver einfach unters Mehl gemischt und der Wasseranteil separat zugegeben werden. In angebrochenem Zustand hält sich Milchpulver gut vier Wochen lang an einem kühlen, trockenen Ort. Ersatzweise empfiehlt sich die Verwendung von pflanzlichen Getränken auf der Grundlage von Reis, Mandeln, Soja, Hafer, Esskastanien, Nüssen oder Dinkel, die fälschlicherweise auch als »Milch« bezeichnet werden. Die Produktion ist recht einfach, und sie lassen sich bedeutend länger konservieren als tierische Milch. Treiben Sie es auf die Spitze, und stellen Sie Ihre eigene Pflanzenmilch her! Dazu Reis (oder gemahlene Mandeln, Haselnüsse, ganz nach Gusto …) in einem Liter Wasser aufkochen und das Wasser danach durch ein sauberes Passiertuch filtern. Das Ganze mit einem Teelöffel Ahornsirup oder Rohrzucker und einer Prise Salz abschmecken, in eine zuvor heiß ausgekochte Flasche abfüllen und luftdicht verschließen. Vor dem Verzehr die Flasche gut schütteln, um den Bodensatz zu lösen. Hafer, Dinkel und sehr ölhaltige Nüsse nach dem Waschen schon am Vortag in einem Liter Wasser einweichen. Selbst gemachte Pflanzenmilch beinhaltet keine Konservierungsstoffe, deshalb muss sie an einem kühlen Ort gelagert und nach dem Öffnen rasch aufgebraucht werden (die Haltbarkeit beträgt dann nur ein paar Tage). Joghurt hält sich ungeöffnet an einem kühlen Ort ebenfalls einige Tage, sofern er nicht fettarm ist (denn für die Haltbarkeit sind Lebendfermente nötig). Die Milchflora ist so dominant, dass sie keine anderen Bakterien neben sich duldet. Zudem ist der pH-Wert von Joghurt zu sauer für andere Keime. Seine Konsistenz und sein Geschmack verändern sich beim Aufbewahren ohne Kühlung zwar leicht (er wird cremiger und schmeckt säuerlicher, wie Frischkäse), doch das stellt kein Gesundheitsrisiko dar; ein bei Zimmertemperatur gelagerter, ungeöffneter Joghurt lässt sich auch Tage nach dem Kauf noch genießen. Das gilt auch für Joghurts auf der Basis von Reis, Soja usw.

Crème fraîche / Schmand

Im Supermarkt gibt es haltbaren Schmand und Crème fraîche, die monatelang ungekühlt lagern können. Falls Sie Milchprodukte vom Speiseplan gestrichen haben, erübrigt sich das Problem ohnehin. Vielleicht wollen Sie sich aber mit ein paar Tüten Sojacreme, Reis- oder Hafercreme bevorraten, die sich bei Zimmertemperatur ein Jahr lang halten (natürlich in ungeöffnetem Zustand)? Nach dem Öffnen müssen aber auch sie unverzüglich aufgebraucht werden.

Essiggurken

Im Essig sind die Gurken so gut vor Verderb geschützt, dass man sie gefahrlos ungekühlt herumstehen lassen kann.

Frische Kräuter

Frische Kräuter gehören nicht in den Kühlschrank, dort werden sie welk, und die Kälte beschleunigt den Verderb. Manche Kräuter nehmen im Kühlschrank das Aroma von anderen Lebensmitteln an. Am besten hält sich ein Strauß frischer Kräuter auf dem Küchentisch in einem Glas mit etwas Wasser. Die ideale Lösung ist natürlich, sie immer direkt aus dem Garten oder von der Fensterbank zu pflücken, und zwar nur in der Menge, die zur Zubereitung einer Mahlzeit gebraucht wird, dann profitiert man am meisten von ihren gesunden Eigenschaften! Getrocknet sind Kräuter zwischen sechs Monaten und einem Jahr haltbar.

Gewürze

Die Lagerfähigkeit von Gewürzen ist sehr unterschiedlich. Ein Tipp vorneweg: Kaufen Sie Gewürze immer lose und aus biologischem Anbau. Das sogenannte »Mindesthaltbarkeitsdatum« ist bei Gewürzen völlig unsinnig, denn es hängt einzig davon ab, wie sie gelagert werden. In luftdicht verschließbaren Behältern, trocken und lichtgeschützt, halten sie oft jahrzehntelang. Eine beeindruckende Anekdote gefällig? Die alten Ägypter verwendeten zur Einbalsamierung ihrer Toten auch Gewürze wie Kreuzkümmel und Nelken. Als Tausende Jahre später Archäologen die Grabkammern öffneten, schlug ihnen der Duft von Nelken und Kümmel entgegen! Bewahren Sie die Gewürze in sicherem Abstand von Dampf- und Wärmequellen auf, am besten lichtgeschützt, dann halten sie umso länger.

Honig

Honig ist ein voll ausgereiftes Naturprodukt, das sich nicht mehr verändert. Er enthält mehr Zucker als Wasser und darüber hinaus Stoffe, die der Keim- und Fäulnisbildung vorbeugen. Zudem besitzt er antibakterielle Eigenschaften, die auch medizinisch genutzt werden. Sein pH-Wert und seine Inhaltsstoffe machen Honig unverwüstlich; wir werden es nicht erleben, dass er schlecht wird. In ägyptischen Pyramidengräbern fand man alte Honigpötte, deren Inhalt immer noch genießbar war, so viel dazu! Im Kühlschrank kristallisiert Honig und verliert viele gute Eigenschaften.

Kaffee

Viele machen den Fehler, Kaffee im Kühlschrank aufzubewahren. Doch dort verliert er nicht nur jedes Aroma, sondern saugt auch noch wie ein Schwamm Feuchtigkeit auf und nimmt die Gerüche anderer Lebensmittel an! Manche haben vielleicht schon damit experimentiert, Kaffee im Gefrierfach frisch zu halten – doch wenn Kaffee eines nicht verträgt, dann sind es jähe Temperaturwechsel. Kaffee – Sie haben es erraten! – bewahrt man am besten bei Zimmertemperatur in einem lichtundurchlässigen und gut verschließbaren Behälter auf.

Mehl

Anders als vielleicht vermutet, verträgt Mehl weder Feuchtigkeit noch Hitze. Wenn sich Klumpen bilden, sind meist schon Motten eingezogen, denen es feucht genug war. Aussieben hilft, bevor das Mehl weiterverarbeitet werden kann. Ein Paket Mehl hält sich angebrochen und auch trotz Mottenbefall etwa ein halbes Jahr lang. Am allerbesten ist es, das Mehl nach dem Kauf in Schraubgläser umzufüllen.

Nüsse, Getreide, Nudeln, Hülsenfrüchte

All diese Lebensmittel enthalten kein Wasser und können deshalb bedenkenlos ungekühlt gelagert werden. Durch Kühlung verlieren sie Vitamine, Inhaltsstoffe, Geschmack und ihre Konsistenz. In fest verschließbaren Schraubgläsern sind sie gut aufgehoben: Man behält sie im Blick, beugt Verschwendung vor und verhindert, dass sich unliebsame Zeitgenossen (Lebensmittelmotten, Kleinnager ...) an ihnen vergehen. So verstaut hält sich das meiste bis zu drei Jahre lang. Unglaublich, aber wahr: Eine geschälte Knoblauchzehe oder ein paar Lorbeerblätter im Glas machen die Nudeln, Hülsenfrüchte oder Reis noch länger lagerfähig und halten die gefürchteten Lebensmittelmotten fern!

Olivenöl

Im Kühlschrank flockt Olivenöl schnell aus und nimmt eine butterartige Konsistenz an. Zudem verliert es sein Aroma. An einem lichtgeschützten, nicht zu warmen Ort sind Ölflaschen gut aufgehoben. Anders als Öle, die reich an Omega-3-Fettsäuren sind (Rapsöl, Hanföl, Walnussöl, Leinöl), kann Olivenöl bedenkenlos bei Raumtemperatur gelagert werden. Die anderen Öle sind vor Wärme und Sauerstoffzufuhr zu schützen.

Schinken und Wurstspezialitäten

Schinken gibt es ja in den unterschiedlichsten Formen, aber hier geht es um die luftgetrockneten oder geräucherten Varianten. Wenn Sie, wie ich, beschlossen haben, sich dem Neonlicht der Supermärkte nicht länger auszusetzen, aber trotzdem ab und zu Lust auf ein schönes Stück Schinken (aus Bayonne oder Parma) haben, können Sie den entweder im Wachspapier vom Fachhandel belassen oder zu Hause in ein Tuch wickeln und an einem trockenen, lichtgeschützten Ort aufbewahren. So behält Schinken seinen typischen Geschmack und bleibt bis zu einer Woche lang frisch. Auch Dauerwurst und Salami lassen sich so lagern, man kann sie aber auch in ein Stoffsäckchen verpacken und aufhängen – das verlängert die Haltbarkeit um zwei bis drei Monate. Weitere Möglichkeit: Man verscharrt sie in Asche, vorausgesetzt man besitzt einen Ofen oder Kamin!

Schokolade

Schokolade wird im Kühlschrank nicht besser – im Gegenteil: Sie verliert den typischen Kakaogeschmack und entwickelt einen weißen Belag auf der Oberfläche, den sicher jeder kennt. Eine Lagerung bei Raumtemperatur ist optimal, allerdings geschützt vor direktem Lichteinfall und natürlich vor Hitze!

Zucker

Um Klumpen in der Zuckerdose zu vermeiden, gibt man ein paar Reiskörner dazu (im Säckchen, damit sie sich nicht mit dem Zucker vermischen). Um die Haltbarkeit brauchen Sie sich keine Sorgen zu machen: Zucker hält gut 40 Jahre und länger!

Alternative Kühlung

Neuerdings lassen sich immer mehr junge Erfinder und Designer rund um den Globus von den traditionellen Methoden des Konservierens und Kühlens zu nachhaltigen Ideen anregen. In Anlehnung an die Prinzipien von Speisekammer, Eiskeller und Kühlbox tüfteln sie Alternativen zum konventionellen Kühlschrank aus.

Der Belgier Floris Schoonderbeek hat, ausgehend von der Einsicht, dass die meisten Menschen keinen Lagerkeller mehr besitzen, eine moderne Erdmiete, *The Groundfridge*, entwickelt. Dabei handelt es sich um eine Art eingegrabene Vorratskammer. Vor Feuchtigkeit geschützt und mit einer kleinen Stiege samt Geländer versehen, wird die Kammer einfach im heimischen Garten verbuddelt. (http:/www.florisschoonderbeek.com/studio/groundfridge-2/)

Mansukh Prajapatis Kühlvorrichtung nimmt das Prinzip des Zeer-Topfs auf, das auf Verdunstungskälte beruht. Der Inder nennt sein Objekt aus Ton liebevoll *MittiCool*. Auch die Ärmsten der Armen können sich einen solchen Kühltopf leisten und so die Lebensdauer ihrer Nahrungsmittel verlängern. (https:/mitticool.com/products/mitticool-clay-refrigerator50-liter/)

Mit *L'îlot 2.0* von Audrey Bigot wird Obst und Gemüse anders, sprich: besser und sachgerechter als im Kühlschrank aufbewahrt. Die frei stehende Einheit erlaubt es, Gemüse und Obst gleichzeitig zu wässern, zu kühlen und optimal zu lagern. (http:/audreybigot.com/portfolios/_-lilot-2-0)

Der Koreaner Jihyun Ryou reinterpretiert traditionelle Methoden der Vorratshaltung als Möbeldesigner über verschiedene Regalelemente. Ein Wandsystem aus unterschiedlichen Einheiten, die mit Sand oder Wasser gefüllt sind, wird so zu einer modernen Version der Vorratskammer. (http:/www.savefoodfromthefridge.com/)

La Denise ist eine ebenfalls aus unterschiedlichen Modulen (bzw. Zonen: sandig, feucht oder dunkel) bestehende zeitgemäße Variante der Lebensmittellagerung. Ausgedacht hat sich die das kanadische Designer-Duo Gabrielle Falardeau und Élyse Leclerc. Auch ihre Erfindung beruht auf der Wiederaneignung alter Konservierungsverfahren und benötigt weder Strom noch Technologie. (http://refrigerators.reviewed.com/features/la-denise-food-preservation-fruits-vegetables-produce-no-electricity)

L'Imbreco Fridge ist eine weitere geniale Alternative zum Kühlschrank, entwickelt von Betty Lujan, damals Studentin an der Hochschule für Kunst und Design Ensaama in Paris. Sie besteht aus einem frei stehenden Kommodensystem, bei dem die Wärme des Motors eines mittig integrierten Minikühlgeräts raffiniert gewandelt und zur abgestuften Kühlung verschiedener Etagen verwendet wird. (https:/blog-espritdesign.com/high-tech/projet-etudiant-imbreco-fridge-betty-lujan-ensaama-26934)

Vier junge Belgier*innen – Charles Patrick, Graceven Law, Sabrina Weymiens und Aled Walker – haben sich ebenfalls mit dem Thema Lagerung und Haltbarkeit auseinandergesetzt und einen sackartigen Behälter aus luftundurchlässigem Material zur Konservierung von Lebensmitteln entworfen, der auf der Grundlage von Sonnenenergie funktioniert. Der *Wakati* wurde für Kleinbauern in armen Ländern entwickelt, um Verderb und Verschwendung von Nahrungsmitteln vorzubeugen. (www.wakati.org)

Die Britin Emily Cummins hat als Studentin ein tragbares Kühlgerät entwickelt, das auch mit Sonnenenergie kühlt. Es besteht aus zwei ineinandergesteckten zylindrischen Gefäßen, das äußere gelocht und aus Metall, das innere geschlossen aus Holz, Plastik oder Stahl. In den Raum dazwischen wird (wie beim Zeer-Topf) Sand oder feuchte Wolle gefüllt, sodass durch die Sonnenerwärmung des äußeren Zylinders Verdunstungskälte im Inneren entsteht. (https:/www.treehugger.com/renewable-energy/solar-fridge-invented-again-by-uk-student.html)

Les Verts Moutons hingegen haben hundertprozentig natürliche Keramikkügelchen entwickelt, die die Haltbarkeit von Obst und Gemüse erheblich verlängern und außerdem Leitungswasser filtern. Dazu müssen die Kügelchen nur in den Obstkorb oder in die Wasserkaraffe gegeben werden, und das war's schon … einfacher geht's nicht! (www.lesvertsmoutons.com)

Register

Danksagung

Olivier, mein Herz und Geliebter, Dir gebührt der größte Dank. Du hast meinen Ideen stets den letzten Schliff gegeben, Seite für Seite – an der Tastatur Deines Computers und im Gespräch. Ich habe Dir vieles abverlangt, und Du hast nie die Geduld verloren … Hab Dank für die vielen Momente, in denen Du mir Mut gemacht hast. Ohne Dich wäre das Buch nicht so geworden, wie ich es wollte. Möge es noch unendlich viele schöne gemeinsame Momente geben, wir beide allein im Kanu mitten auf dem See …

Vielen Dank auch Pascale, liebste Freundin, die ich nur ohne Kühlschrank kenne (hihi) … Möge unsere Freundschaft sehr lange »haltbar« sein! Danke für all die wichtigen Hinweise, akkuraten Beschreibungen und Deine wunderschöne Keramik. Ich freue mich schon auf den nächsten Töpferkurs mit Dir unter unserem Zwetschgenbaum.

Papa, Du hast mich stets ermuntert. Ich danke Dir für den Stolz, den ich in Deinen Augen sehe. Von Dir, Gerechter, habe ich meine Beharrlichkeit und ein Gespür für die richtigen Worte.

Maman, es gibt unendlich viele Dinge, für die ich Dir dankbar bin. Hier beschränke ich mich darauf, Dir für die Leidenschaft fürs Lesen und Schreiben zu danken, die Du mir mitgegeben hast, und für den Sinn für das Schöne und Gute und alles Selbstgemachte – und das mit so viel Liebe! Meine große Freude am Gärtnern, Kochen und Teilen mit anderen Menschen habe ich von Dir. Dafür kann ich Dir nicht genug danken.

Merci auch Maryse und Claude, für Eure Unterstützung und Ermutigungen in wichtigen Momenten.

Marie-Lee, Mascha, Yoko, Sally, Lina, Charles, John, Angèle, Radhika und Amélie: Habt Dank für Eure Mitwirkung! Es war mir ein Vergnügen und ein großes Privileg, das Buch mit Euch zu machen.

Ganz lieben Dank gebührt François, Küchenchef und Chef-Öko des Feinschmecker-Bistrots *L'Épi Dupin* in Paris, und Yves, dem passionierten Kräuter- und Gewürzforscher des

Feinkosthändlers Saravane in Arcachon, sowie Raphaël, dem Spezialisten für Molekularküche, für all die vielen klugen Hinweise.

Merci Alexandra und Charlie für die Übernachtungen in Paris und die schönen Abende.

Tausend Dank, Norio, für die Schlüssel zu Deinem wundervollen kleinen japanischen Imbiss *Motchiya* in Toulouse, in dem wir die Bilder für Yokos Porträt aufnehmen durften.

Luc, mein Lieber: Ich danke Dir für die tolle Konstruktion eines solarbetriebenen Dörrapparats, den Du uns in Rekordzeit gebaut hast.

Vielen Dank, Usha, für Dein Vertrauen und die Geschichten aus Deiner Kindheit, für Deine einmalige Erdbeer-Tarte und den unvergesslichen Nachmittag, an dem Du mich in sämtliche Geheimnisse Indiens eingeweiht hast.

Simona, die Kleider Eurer Kollektion »Mutter und Tochter« der Marke OffOn Clothing (in gestrickter Verpackung versandt!) sind wundervoll, herzlichen Dank, dass Ihr uns den Look individuell auf den Leib geschneidert habt!

Ein ganz besonderer Dank gilt dem Léopold-Markt in Gujan-Mestras mit seinem äußerst fotogenen und deliziösen Obst und Gemüse, das hier im Buch abgebildet ist.

Und ein letzter inniger Dank an Eric, Anne und Camille für das unerschütterliche Vertrauen, das ihr in mich gesetzt habt, und an Sabrina und Françoise fürs aufmerksame Lektorat.

Die Originalausgabe erschien 2017 unter dem Titel
»Notre aventure sans frigo … ou presque« bei Éditions Eyrolles.

MIX
Papier aus verantwortungsvollen Quellen
FSC® C021956

Verlagsgruppe Random House FSC® N001967
2. Auflage
Deutsche Erstausgabe 10/2018

Redaktion: Dr. Thomas Tilcher
Umschlaggestaltung: Hauptmann & Kompanie Werbeagentur, Zürich,
unter Verwendung eines Fotos von © Olivier Cochard
Satz: Satzwerk Huber, Germering
Druck: Alcione, Lavis
Printed in Italy
ISBN: 978-3-453-60494-0

www.heyne.de